L. SAINÉAN

HISTOIRE DE MES OUVRAGES

FRAGMENT DE BIOGRAPHIE INTELLECTUELLE

(1901-1930)

PUBLIÉ A L'OCCASION DU LXXe ANNIVERSAIRE DE L'AUTEUR

(Extrait du tome III et dernier
des *Sources Indigènes de l'Étymologie française*)

PARIS
E. DE BOCCARD, Editeur
1, Rue de Médicis, 1

1930

L. SAINÉAN

HISTOIRE DE MES OUVRAGES

FRAGMENT DE BIOGRAPHIE INTELLECTUELLE

(1901-1930)

PUBLIÉ A L'OCCASION DU LXXe ANNIVERSAIRE DE L'AUTEUR

(Extrait du tome III et dernier
des *Sources Indigènes de l'Étymologie française*)

PARIS
E. DE BOCCARD, Éditeur
1, Rue de Médicis, 1

1930

A mon frère Constantin

Je me propose, dans les pages qui suivent, d'indiquer les circonstances spéciales qui ont suscité mes travaux philologiques. Mon activité offre une particularité, peut-être unique parmi les romanistes, celle d'appartenir à deux patries, et par suite à deux langues. Une première période, de 1880 à 1900, a été vouée à la philologie roumaine, alors que l'âge mûr a été entièrement consacré à la philologie française.

Modeste ouvrier dans le domaine de la science, j'ai pensé que la genèse d'une œuvre intellectuelle qui, dans sa seconde phase, s'est prolongée trente ans, ne sera pas complètement dépourvue d'intérêt. Ces notes, d'ailleurs, n'ont aucune prétention littéraire et ne visent qu'à mieux faire comprendre les divers aspects que présente mon activité linguistique.

Mars 1901. Accompagné de ma femme et de ma fillette, je quitte pour toujours le pays natal, la Roumanie, en me dirigeant vers la France. J'ai exposé dans un mémoire autobiographique les raisons péremptoires, d'ordre politique et social, qui m'ont obligé, après avoir rendu des services signalés à la langue et à la nation roumaines, de chercher, à l'âge de quarante ans passés, une nouvelle patrie[1].

1. *Une carrière philologique en Roumanie* (1885-1900), Paris, Larousse, 1901. Voir maintenant, à titre complémentaire, le récent volume (en roumain) de Luca Vornéa, *L. Sainéan, Esquisse biographique suivie d'une bibliographie critique*, Bucarest, 1928, édition du journal « Adeverul ».

Nous voilà donc établis définitivement à Paris. Une douzaine d'années auparavant, j'y étais venu, comme étudiant, compléter mes connaissances dans le domaine linguistique et roman. J'étais alors entré en relations avec des maîtres comme Michel Bréal et Gaston Paris, auprès desquels j'ai trouvé — ainsi que les miens — un accueil des plus sympathiques.

A la veille de quitter le pays natal, j'avais fait don à la nation roumaine d'un de mes ouvrages, le plus considérable, l'*Influence orientale sur la langue et la civilisation roumaines* (1900). L'action osmanlie y était envisagée sous tous les rapports : historique, géographique, linguistique, traditionnel et social. L'ouvrage avait été couronné, en 1901, à la fois par la Société de linguistique de Paris (prix Bibesco) et par l'Institut de France (prix Volney).

Dès mon entrevue avec Gaston Paris, qui était au courant de mes travaux roumains, le maître me demanda un résumé de la partie linguistique pour la *Romania*, qui avait jadis inséré, entre autres articles, mon étude folklorique sur les *Jours d'emprunt ou les Jours de la Vieille* (1889).

Ce résumé — *Les Eléments orientaux en roumain* — a paru dans les tomes XXX et XXXI (1901-1902) de la *Romania*, alors qu'une portion notable de la partie historique et sociale — *Le Régime et la Société en Roumanie pendant le règne des Phanariotes* (1711-1821) — fut insérée à la même époque dans la *Revue internationale de Sociologie* (1902), du regretté René Worms.

Dans le désarroi intellectuel qui suivit mon déplacement, je résolus, avant de prendre un parti décisif, de tâter le terrain et je m'efforçai, pendant les deux premières années de mon séjour, de faire connaître à mes nouveaux lecteurs certains de mes travaux roumains, sur le folklore notamment.

Précisément, à ce moment, plusieurs revues françaises étaient consacrées aux traditions populaires. Elles voulurent bien donner l'hospitalité à mes essais.

Le plus ancien de ces périodiques spéciaux, la *Mélusine*, habilement dirigé par le celtisant Gaidoz, publia en 1901 (tome X), mon étude sur les « Fées méchantes d'après les croyances du peuple roumain ».

Une autre revue, la *Tradition*, éditée par Carnoy, inséra la même année, avec une esquisse biographique de l'auteur, un article sur la « Terminologie folklorique en roumain ».

Mais surtout la *Revue des traditions populaires*, dirigée par feu

Paul Sébillot, publia tour à tour (1901-1902) : « Les Géants et les Nains, d'après les traditions roumaines et balkaniques »; « les Marionnettes en Roumanie et en Turquie »; « Coup d'œil sur le folklore roumain »; « Le langage métaphorique des contes roumains », etc.

Enfin, la *Revue d'histoire des Religions*, publiée par Jean Reville, inséra en 1902 une étude sur les « Rites de la construction d'après la poésie populaire de l'Europe orientale[1] ».

Des circonstances particulières contribuèrent à m'engager plus avant dans cet ordre de recherches.

Gaston Paris désirait me faire entrer à la section historico-philologique de l'Ecole des Hautes-Etudes, en me faisant charger, contre une rétribution plus que modeste, d'une conférence sur le roumain; mais ses efforts devaient échouer.

En attendant, il me conseilla de passer à la Section des Sciences religieuses de la même Ecole, en demandant l'autorisation d'ouvrir un cours libre sur « le Folklore balkanique dans ses rapports avec la Mythologie classique ». Sur la recommandation du Président de la Section, feu Albert Reville, le ministre de l'Instruction publique accorda cette autorisation.

Ma leçon d'ouverture eut pour sujet l'*Etat actuel des études de Folklore*. Parue dans la *Revue de synthèse historique* de 1902, elle appela l'attention des mythologues et des folkloristes, qui voulurent bien reconnaître à l'auteur des vues originales en matière de psychologie populaire.

Salomon Reinach lui consacra une analyse circonstanciée dans l'*Anthropologie* de 1902 (p. 451 à 463), reproduite dans le premier tome de ses *Cultes, Mythes et Religions* (1905), p. 122 à 124 : « Histoire du Folklore ».

Le sociologue Gabriel Tarde, auteur de *Lois de l'imitation* (1890), mort en 1904, m'avait écrit après la lecture de la brochure : « Peu de livres m'ont autant intéressé que votre mince brochure sur l'*Etat actuel des études de Folklore*... Vous avez dégagé avec bonheur l'élément moral, psychologique et logique des contes populaires et rien n'est plus clairement explicatif ».

Feu Jean Reville, après un exposé détaillé, concluait :

« M. Sainéan se propose de porter tout spécialement ses efforts

1. Vers la même époque, la Société de Linguistique de Paris publiait, en 1903, dans son XIIe tome des *Mémoires*, notre *Essai sur le judéo-allemand et spécialement sur le dialecte parlé en Valachie*, étude qui a suscité de nombreux travaux. Voir *Zeitschrift für deutsche Mundarten*, t. III, 1903, p. 377 à 378.

sur les traditions populaires qu'on peut dégager de la littérature classique antique... A la fois philologue et historien, familiarisé avec la littérature populaire de l'Europe orientale comme avec la littérature antique classique, M. Sainéan est bien qualifié pour entreprendre l'œuvre dont il fait si bien ressortir la nécessité. Mais il ne saurait se dissimuler que c'est un travail de longue haleine[1].»

J'ai continué pendant deux ans à enseigner à l'Ecole des Hautes-Etudes. Les auditeurs étaient en nombre suffisant et semblaient s'intéresser à mon cours. Entre temps j'entrepris de remanier en français mon étude comparative sur les *Contes roumains dans leurs rapports avec les légendes mythologiques et les contes des peuples romans* (1895), ouvrage couronné et imprimé par l'Académie roumaine.

Les travaux préparatoires étaient déjà avancés, lorsque des scrupules me vinrent sur la valeur scientifique de cette refonte et du sujet en général. A l'époque où j'avais commencé l'étude des traditions populaires, vers 1883, le folklore s'annonçait comme devant ouvrir une ère nouvelle à la mythologie, à la préhistoire et à la psychologie populaire.

De toutes parts, on s'était mis à recueillir des contes populaires et à les munir d'un appareil comparatif. Des érudits, comme Reinhold Köhler en Allemagne et Emmanuel Cosquin en France, s'étaient fait une réputation européenne dans cette voie.

Cependant, les contes populaires une fois recueillis en nombre considérable, on s'aperçut que leur fond (comme celui des légendes mythologiques) était toujours le même et que chaque peuple n'avait fait qu'y ajouter quelques traits spécifiques. Pour expliquer cette similitude transparente, Benfey avait émis dès 1859 la théorie dite orientaliste, suivant laquelle tous ces contes provenaient d'un centre unique, l'Inde, d'où ils se seraient déversés sur le monde. Reprise et développée par Cosquin, dans ses *Contes lorrains* (1886), cette théorie a été complètement battue en brèche par le livre de Joseph Bédier sur les *Fabliaux* (1893).

Qu'il me soit permis de rappeler à ce sujet un souvenir. On sait que la théorie de Bédier allait à l'encontre des vues de Gaston

1. *Revue de l'histoire des Religions* de 1901, p. 128. Voir également, dans l'*Année sociologique* de 1901-1902, p. 171-172, un article d'A. Hubert. L'étude eut l'honneur d'une version danoise, parue dans le Xe tome de la revue *Dania* (1903), dirigée par Kristofer Nyrop, p. 99 à 115 : « On Eventur ».

Paris, partisan déclaré de Benfey. A une soirée chez le maître où je me trouvais avec Bédier, Gston Paris annonça à son élève favori qu'il avait reçu un travail affichant les mêmes opinions subversives : « Je ferai de vous et de votre partisan deux cadavres », lui dit-il en souriant. Bédier prit la chose au sérieux et me communiqua ses appréhensions. Mais le bon maître n'avait fait que plaisanter. La générosité du caractère était, chez lui, à la hauteur de sa science et de son génie.

Ma propre expérience et la lecture du livre des *Fabliaux* m'éclairèrent sur les illusions semées dans beaucoup d'esprits par les initiateurs de cet ordre de recherches.

Le folklore n'a tenu aucune de ses promesses, il n'a réalisé aucune des perspectives qu'il se vantait d'ouvrir. Ce qui est plus grave, il ne s'est même pas montré susceptible de devenir une discipline, une science. Il est resté une mine abondante pour les collectionneurs sans aboutir à aucune vue d'ensemble. Ses matériaux pouvaient fournir quelques données isolées à l'historien, au linguiste et au psychologue, mais, en somme, les contes étant à la fois universels et indépendants, ils restaient en quelque sorte renfermés dans le même cercle.

C'est ainsi que je me vis peu à peu détaché de l'étude des traditions populaires, mais la longue intimité avec ces recherches n'a pas laissé de m'être utile dans la suite sous le rapport linguistique. En consacrant récemment, dans la *Langue de Rabelais* (1922), plus de deux cents pages aux « Faits traditionnels » de l'époque de la Renaissance, et, dans les *Sources indigènes* (1925), en mettant pour la première fois les « Traditions populaires » au service de l'Etymologie, je n'ai fait qu'utiliser des données depuis longtemps accumulées.

En abandonnant les études folkloriques, il ne me restait qu'à continuer les recherches philologiques sur le roumain. Mais, outre que cet idiome de l'Europe orientale est d'une mince importance aux yeux des romanistes, tous les moyens bibliographiques faisaient défaut dans les bibliothèques de Paris. Je me vis donc également forcé d'y renoncer.

Le folklore et le roumain délaissés, je ne vis plus rien à entreprendre et c'est alors que je traversai une véritable crise intellectuelle.

Comment, me disais-je, aborder l'étude historique du français, langue illustre qui a préoccupé et préoccupe les meilleurs parmi les romanistes? J'avais bien suivi, lors de mes années d'études, le cours de Gaston Paris, mais j'en avais appliqué la doctrine à l'étude historique du roumain. Comment, après tant d'années parcourues dans cette direction, m'engager dans une voie nouvelle d'autant plus périlleuse que l'art d'écrire un livre, ce talent d'unir la beauté de la forme à la solidité du fond, a fait en France plus de progrès que dans le reste du monde? Me trouvant un jour chez Bréal avec plusieurs de ses élèves, et la conversation tombant sur ce sujet, je fis remarquer : « Le recueil de thèses de doctorat ès lettres de la Sorbonne est unique en son genre ». Et le maître de répondre : « Sainéan nous flatte ». Nullement, c'était l'expression pure et simple de la vérité. Dans la majorité des cas, une thèse française est à une dissertation allemande ce qu'un travail longuement médité et mûri est à un devoir scolaire. La France peut être fière de ces travaux qui sont parfois des monuments d'érudition en même temps que des modèles de bien dire.

De cet admirable instrument, délicat et nuancé qu'est le français, l'étranger est impuissant à atteindre le naturel et la précision. Quelle différence entre le style d'un Français et celui d'un Suisse ou d'un Belge, même entre les mieux doués ! Jules Gilliéron, Romand d'origine, reculait toujours à employer ce qu'il appelait plaisamment son « français fédéral », et il s'est souvent associé à un érudit parisien pour exposer ses vues en matière de dialectologie gallo-romane.

La finesse de touche que l'on a en France est presque insaisissable, et qui n'en est pas, s'expose parfois à des déconvenues, quelles que soient ses aptitudes. On sait que Guillaume de Humboldt, illustre diplomate et linguiste, qui avait longtemps représenté l'Allemagne à Paris, savait (ou croyait savoir) parfaitement le français. En 1827, il publia dans cette langue une *Lettre à M. Abel Rémusat sur la langue chinoise*, véritable monographie où l'auteur résume les différences de la méthode grammaticale en chinois et dans les langues de l'Occident. On y lit à la page 13 : « Je ne regarde pas les formes grammaticales comme le fruit des progrès qu'une nation fait dans l'analyse de la pensée, mais plutôt comme le résultat de la manière dont une nation considère et traite sa langue ».

L'helléniste Emile Egger, en citant ce passage dans ses *Notions élémentaires de grammaire comparée* (1875), ajoute finement cette remarque (p. 214) : « Le savant auteur, on le voit, ne manie pas notre langue avec facilité, mais il ne faudrait pas que cette imperfection de son style détournât le lecteur de recourir à un opuscule plein de la meilleure philosophie sur les questions principales de la linguistique ».

I

LANGUES SPECIALES

Peu de temps après mon arrivée à Paris, l'argot ou le langage des malfaiteurs commença à exercer sur moi une fascination singulière. Plus je m'enfonçais dans son étude et plus m'apparaissait la nécessité d'avoir recours aux documents authentiques souvent représentés par un exemplaire unique, celui de la Bibliothèque Nationale.

Lorsque je fis part à Gaston Paris de mon désir d'aborder historiquement l'étude de l'ancien Argot, il m'en dissuada formellement : « Une pareille étude n'est pas digne d'un vrai philologue ». Etant donné l'état chaotique des études faites jusqu'alors sur le jargon, le maître avait parfaitement raison. Mais il s'agissait précisément de mettre un terme à ce chaos et d'inaugurer l'étude scientifique de cette branche de la philologie française. Pour y aboutir, il fallait avant tout rétablir la forme documentaire des vocables jargonnesques. C'était une tâche que personne n'avait encore entamée : je l'avais senti d'instinct.

Tout restait à faire dans ce domaine et, en premier lieu, il importait de faire prévaloir le critérium chronologique dans cet ordre de recherches.

Pendant des mois, accompagné d'une excellente copiste, Mme de Cavaillon, j'ai transcrit et fait transcrire un à un les opuscules imprimés à partir du XVIe siècle et qui représentaient le développement historique du jargon.

La Vie généreuse des mercelots (1596) est le plus ancien document jargonnesque imprimé. L'édition ultérieure de Troyes (1627) a été reproduite en 1831 par Techener sous une forme très altérée, où foisonnent les erreurs de transcription et bien d'autres. La graphie archaïsante ne fait que masquer ce travestissement. C'est pourtant cette réimpression défectueuse qui a été adoptée par les argotistes du XIXe siècle.

Le plus important de ces documents, le *Jargon de l'Argot reformé* (1628), s'est prolongé pendant plus de deux siècles (jusqu'en 1849), par une dizaine de réimpressions qui ont fini par altérer profondément la forme et le sens des termes argotiques.

Le dernier éditeur notamment, Halbert d'Angers (1849), a poussé jusqu'à l'inconscience ces fantaisies de copistes, en défigurant les termes, en forgeant des mots de son cru et en y introduisant des vocables vulgaires, considérés plus tard à tort comme jargonnesques. Dans ce domaine, l'ignorance et le manque de scrupules des éditeurs et des argotistes se sont donnés carrière au point de transformer le vocabulaire argotique en un chaos inextricable.

Marcel Schwob avait écrit dès 1892 : « On n'aura des notions précises sur la chronologie de l'Argot que lorsqu'on aura suivi et collationné les diverses éditions successives du *Jargon de l'Argot reformé* d'Olivier Chéreau[1]. »

Dix ans s'étaient passés et personne n'avait encore songé à combler cette lacune.

C'est en 1903 que j'ai rendu visite à Marcel Schwob. C'était un fin lettré et un bibliophile délicat qui avait réuni dans sa bibliothèque les principaux ouvrages touchant les argots européens. Il était préoccupé à ce moment d'une étude d'ensemble des langues spéciales pour laquelle il avait réuni d'importants matériaux. S'étant de bonne heure passionné pour Villon et pour son *jobelin*, il s'était senti attiré par le côté mystérieux de l'ancien Argot.

Jeune encore, il avait fait insérer, dans les *Mémoires de la Société de Linguistique* (1889), avec Georges Guieysse, une curieuse « Etude sur l'argot français ».

Plus tard, il lui était tombé entre les mains une plaquette sur les *Compagnons de la Coquille*, chronique dijonnaise du XVe siècle, par Joseph Garnier, archiviste de la ville de Dijon (1842), et il y avait lu un résumé du procès des Coquillards de 1455, ainsi qu'un lexique de leur jargon. Saisissant l'importance capitale de ce premier document de l'ancien Argot, Schwob s'en fut à Dijon, où il prit la copie complète de l'enquête et en tira en 1892, pour les mêmes *Mémoires*, deux importants articles, le premier sur le procès des Coquillards de Dijon, le deuxième (resté à l'état de fragment) sur le glossaire de leur jargon. La même année, il fit valoir, dans la *Revue des Deux Mondes*, l'intérêt de ces documents pour la biographie de Villon et ses *Ballades* en jargon.

1. *Mémoires de la Société de Linguistique*, t. VII, p. 36.

Lorsque je vis Marcel Schwob en 1903, deux ans avant sa mort, il était âgé de 35 ans et sa face glabre lui donnait l'aspect d'un gentleman anglais. J'ajoute ces détails, car la personne de Schwob et son activité jargonnesque sont en train de devenir légendaires au delà de la Manche.

Le plus récent traducteur anglais de Villon, H. de Vere Stacpoole, nous représente Schwob à la barbe fleurie comme un nouveau Charlemagne : « this *old white-bearded* scholar of the Jewish type ».

Le même critique attribue à un trait de génie la découverte du Dossier des Coquillards, signalé un demi-siècle auparavant par Joseph Garnier[1]. Pour satisfaire la curiosité de ce savant traducteur de Villon, il suffira de le renvoyer à la *Bibliographie raisonnée de l'Argot* (1901) par Yves Plessis, où il découvrira que les devanciers de Schwob dans cette direction s'appellent Joseph Garnier[2] (1842) et Clément-Janin (1884).

Mais revenons aux études argotiques.

Francisque Michel fut le premier à soumettre l'Argot à un traitement scientifique. C'était un érudit très versé dans l'ancienne littérature, un lecteur infatigable qui avait amassé de nombreux témoignages pour illustrer les vocables argotiques et vulgaires. Cette partie documentaire est encore aujourd'hui le côté le plus utile de ses *Etudes de philologie comparée sur l'Argot et sur les idiomes analogues parlés en Europe et en Asie* (1856).

Chose curieuse, cet excellent éditeur d'anciens monuments de la langue n'a pas cru devoir, en ce qui touche l'Argot ou langage des malfaiteurs, recourir aux textes originaux des documents jargonnesques, comme la *Vie généreuse* (1596) et le *Jargon de l'Argot* (1628). Il accepta aveuglément comme authentiques les reproductions modernes et foncièrement défigurées de Techener et d'Halbert d'Angers.

De là, les innombrables coquilles et non-sens qui, indéfiniment transcrits par les argotistes ultérieurs, jouirent longtemps d'une considération imméritée.

1. « M. Schwob lived in Paris, and away at Dijon lay the archives of the Côte-d'Or ; dusk, *unread*, silent, yet full of speech. What instinct ! what calculation of genius made of the old Jewish scholar rich his hand, so to speak, and open these parchment volumes ? Who can tell ? » Stacpoole, *François Villon, his life and his times*, Londres, 1916, p. 51.

2. Marcel Schwob reconnaît loyalement sa dette envers Joseph Garnier. Voir le recueil posthume, *François Villon, rédaction et notes*. Paris, 1912, p. 81.

J'ai soumis ailleurs cette œuvre laborieuse, mais manquée faute de base chronologique, à une critique d'ensemble. Je n'en donnerai ici que quelques exemples caractéristiques.

On y lit, par exemple, à la page 44 : « *Bettander*, mendier ».

Or, c'est là un terme inexistant, une coquille. Grâce aux diverses éditions du *Jargon de l'Argot*, on peut en suivre les vicissitudes depuis cette transcription erronée jusqu'à la forme authentique primordiale[1].

La forme *bettander* représente une double coquille : le *bellander* (remontant à *bellauder* pour *ballader*) des éditions ultérieures du *Jargon de l'Argot* est devenu *bettander* chez Vidocq, à la suite d'une nouvelle faute d'impression.

Voici maintenant ce que cette double coquille est devenue chez les argotistes postérieurs à Vidocq et à Francisque Michel :

Delvau : « *Bettauder*, mendier, dans l'argot des filous. »

Larchey : (*Suppl.*) : « *Battender*, mendier (Delvau), sans doute pour *battander* : les *battandiers* (autre coquille pour *marcandiers*) formaient une tribu de la Cour des Miracles. »

Virmaître (*Suppl.*) : « *Bettender*, mendier. Ça doit être une corruption de *battauder* (sic) qui faisait partie de la cour des Miracles (Argot des voleurs). »

Delesalle connaît quatre formes :

1° *Balader*, choisir, chercher; 2° *Balander*, mendier, porter la besace; 3° *Battander* et *bettander*, mendier (allem. *betteln*, mendier, Timmermans).

Là ne s'arrêtent pas les ravages exercés par *bettander* dans le domaine de la lexicographie argotique. La coquille a passé dans les ouvrages de sociologie et de linguistique.

On la lit dans l'*Homme criminel* (trad. franç. 1895, p. 482) de Lombroso, qui l'insère parmi les mots étrangers à l'argot français : « *Bettender*, mendier. C'est un vieux mot... il doit être d'origine allemande (*betteln*, mendier) ».

Et tout récemment, dans le glossaire de l'excellent ouvrage de Tappolet, *Die Alemanischen Lehnwörter in den Mundarten der*

1. En voici la succession :
1849 : *Bellauder*, mendier.
1836 : *Balauder*, mendier, et *bellander*, aller demander l'aumône.
1837 : *Bettander* mendier (Vidocq).
1690 : *Bellauder* (et 1700, 1728).
1660 : *Bellander*.
1634 : *Ballauder*.
1628 : *Ballader*, aller demander l'aumône.

französischen Schweiz (Strasbourg, 1917, p. 11), *bellander*, mendier, est expliqué comme une contamination du suisse romand *belleler* (de l'allem. *belleln*) et du synonyme français *quémander*.

L'ignorance des copistes et la complaisance des lexicographes de l'argot avaient abouti ainsi à une végétation parasitaire, qui menaçait d'étouffer les termes positifs du jargon. On lisait, par exemple, dans une des dernières éditions du *Jargon de l'Argot* (1836) « *Capon*, écrivain. — *Cape*, écriture. — *Capine*, écritoire. — *Capir*, écrire ».

Ces prétendus termes avaient passé dans tous les recueils argotiques, depuis Francisque Michel (1856) jusqu'à Hector France (1908).

A première vue, cependant, on eût dû s'apercevoir que des notions comme « écrivain », « écriture », etc., sont foncièrement étrangères aux préoccupations des gueux et des malfaiteurs. En fait, ces termes sont inexistants. La première édition du *Jargon de l'Argot* (1628) renferme ce passage : « *Capons* sont les *eschevins* de la triperie... », phrase qui devint, dans l'édition de 1728 : « *Capons* sont les *écrivains* de la triperie... », après quoi celle de 1836 a forgé : *cape, capine, capir...*

Dans des conditions aussi précaires, que pouvaient valoir les essais d'interprétation de Francisque Michel?

Son expérience de l'ancienne langue et des argots romans était comme paralysée par le vice initial, le manque de critique des sources. D'autre part, au milieu du XIXe siècle, les données sur les patois français étaient rares. Même les patois du Midi, qui ont joué un rôle si important dans la constitution de l'Argot, sont restés inconnus à Fr. Michel. De là, son recours fréquent et inévitable aux idiomes exotiques.

Non seulement il attribue au jargon d'imaginaires emprunts aux langues les plus disparates : au basque (cf. *andre*), au bohémien (cf. *pier* et *rupin*), au russe (cf. *cagne* et *mouchique*), etc.; mais, ce qui est plus aventureux, il raisonne sur des transcriptions erronées :

« *Blème, durême, rême*, fromage. Le dernier de ces trois mots, qui pourrait être la racine ou le point de départ des deux autres... D'où vient *rême*?... De *raime*, ramée, feuillage. C'était sur des rameaux entrelacés qu'on plaçait le fromage frais pour le faire sécher ».

Or *blème* et *rème* sont de simples coquilles pour *durème*, seul vocable positif que donne encore exclusivement Vidocq.

Marcel Schwob fut un tout autre initiateur des études argotiques. A l'encontre de son devancier, il avait entrevu l'importance du traitement historique de l'ancien Argot.. Il avait même suggéré une édition critique du *Jargon de l'Argot*, mais avait reculé pour lui-même devant un pareil labeur. Dépourvu ainsi de tout guide chronologique, il a projeté dans le passé, et dans un passé fort lointain, certains procédés déformateurs du *loucherbème* ou argot des bouchers qui ne remonte pas au delà du XIXe siècle. Il croyait retrouver cette « méthode de défiguration » jusque dans le *jobelin* de Villon[1].

Autre lacune. Schwob manquait de toute préparation linguistique, comme en témoignent ses analyses aventureuses des termes argotiques et vulgaires. C'est ainsi qu'il voit dans *moche*, vilain (proprement à l'état brut comme la *soie en moches*), le mot *mal* affublé du suffixe *oche*; il considère *chiper* et *choper*, ainsi que *chiquer* et *choquer*, comme des « doublets artificiels... ». Il multiplie artificiellement les suffixes argotiques, auxquels il attribue une sorte de création métaphorique (« les suffixes font naître des images »), méconnaissant ainsi le rôle réel de la métaphore dans la formation de l'argot.

Son vrai mérite, c'est d'avoir, après Joseph Garnier, appelé l'attention sur le Dossier des Coquillards dijonnais (1455) et fait ressortir l'intérêt de leur lexique pour le *jobelin* de Villon.

Après Francisque Michel et Marcel Schwob, toute une génération d'amateurs et d'argotistes se sont succédés, qui ont essayé de codifier l'ancien argot, mêlé au langage parisien. Ils l'ont fait en multipliant les erreurs des vieux copistes et en forgeant une sorte d'argot livresque, comme on peut le voir dans le *Dictionnaire* d'Aristide Bruant qui clôt le XIXe siècle.

Tel était l'état confus de l'argot lorsque j'en abordai l'étude, malgré le désaveu de Gaston Paris.

Il importait avant tout d'établir le vocabulaire jargonnesque sur une base solide, en assignant à chaque terme argotique sa forme authentique et primordiale. Cette besogne une fois accom-

1. *Mémoires de la Société de linguistique*, t. VII, p. 38. Cf. notre *Argot Ancien*, p. 45-47, et le *Langage Parisien*, p. 204.

plie, il s'agissait d'embrasser l'argot dans son développement historique et de dégager les facteurs qui ont contribué à sa formation.

Ce fut l'objet des deux ouvrages : *L'Argot ancien* (1907) et *Les Sources*[1] *de l'Argot ancien* (1912), le premier couronné par l'Institut (prix Volney), le deuxième, par l'Académie française (prix Saintour).

Ces longues recherches documentaires aboutirent à des résultats aussi nouveaux qu'inattendus. On pourrait les résumer ainsi :

1° L'Argot ancien est foncièrement indigène, n'étant que du français, vieux ou régional, dont le sens a été plus ou moins modifié;

2° L'Argot est un langage essentiellement métaphorique;

3° Il ignore tout emprunt étranger (basque, bohémien, celtique), en dehors des argots italien et espagnol qui se sont mutuellement influencés;

4° L'Argot ancien a influencé à diverses époques le français, le bas-langage et les patois, et s'est définitivement fondu (dans la seconde moitié du XIXe siècle) dans le vulgaire parisien.

La critique fut unanime à reconnaître la solidité de la documentation et la méthode rigoureuse appliquée à l'étude des sources. Une nouvelle branche de la philologie française venait d'être fondée sur des bases scientifiques et une source nouvelle ouverte au vocabulaire français[2].

Deux faits avaient frappé les spécialistes.

D'une part, la critique des sources jargonnesques faisant ressortir les altérations, parfois inextricables, des éditeurs et des copistes; d'autre part, le tableau des répercussions des vocables argotiques en dehors de leur milieu spécial, révélant tout l'intérêt, historique et social, qui s'attache à cet ordre de recherches.

De là, l'accueil très favorable des philologues et des linguistes.

1. Nous avons eu la bonne fortune d'avoir, en ce qui concerne le Dossier des Coquillards et le *jobelin* de Villon, la collaboration de l'érudit historien Pierre Champion, qui nous a en outre donné une étude (qui clôt le premier volume) sur l'histoire des classes dangereuses en France des origines à la fin du XVe siècle.

2. *Journal des Savants*, octobre 1909, p. 437 à 445 (Ant. Thomas). — *Bulletin de la Société de Linguistique de Paris*, nov. 1908 et oct. 1913 (A. Meillet). — *Revue de philologie française* de 1913 (A. Dauzat). — *Revue critique d'histoire et de littérature* de 1908 et de 1913 (E. Bourciez). — *Revue de Synthèse historique* de 1908 (Lucien Febvre). — *Revue des Etudes Rabelaisiennes*, t. X, 1912, p. 490 à 492 (H. Clouzot). — *Revue d'Ethnographie et de Sociologie* de 1913 (A. Van Gennep), etc.

Mais il m'était réservé une satisfaction plus complète, l'opinion des spécialistes qui se sont efforcés d'élucider l'œuvre de Villon.

Feu le Docteur René Guillon, qui a récemment essayé de restituer et d'interpréter les *Ballades en jargon* de Villon, d'après le manuscrit de Stockholm (1920), remarque à la p. 15 de son opuscule : « L'ouvrage de M. Sainéan sur les *Sources de l'Argot ancien* nous a été, dans notre interprétation, d'un perpétuel secours et nous le citerons à chaque page du glossaire, sinon à chaque mot. »

Et le dernier éditeur critique des *Œuvres de Villon*, M. Louis Thuasne (1923), fait ces réserves, avant de procéder à l'examen du *jobelin* (t. III, p. 660) : « Ce n'est pas qu'il n'y ait eu des érudits qui se sont flattés de tout comprendre et de tout interpréter... Mais après les déclarations de Fr.-Michel, qui assure avoir renoncé à interpréter le *jobelin*, et celles de M. L. Sainéan, le philologue et le linguiste le plus autorisé dans la matière, et qui constate qu'en dépit des investigations réitérées la plus grande partie du lexique reste indéchiffrable, il était prudent de s'en référer à l'opinion d'un si bon juge. »

A l'étranger, mes ouvrages ne furent pas moins remarqués.

R. Renier, dans le *Giornale storico della letteratura italiana*, de 1908, termine son appréciation : « Lo studio è di estrema curiosità non solamente per il glottologo, ma anche pel letterato et per lo psicologo ».

Et sur les *Sources de l'Argot ancien* (dans le même *Giornale* de 1913) : « Annunziammo già con la dovuta lode il volume importante di Sainéan, l'*Argot ancien*. Oggi la lode si cangia in ammirazione nel conto dei due volumi che a quello studio il Sainéan a fatto seguire et che ora ne sono magnifico coronamento... Possa la bellisima opera del filologo francese invogliare fra noi qualcuno ad uno studio sistematico e compiuto, di cui si ha appena qualche saggio prematuro, dei gerghi d'Italia ! »

Enfin, Otto Driesen, dans son long compte rendu (*Archiv für das Studium der neuern Sprachen* de 1909) :

« Il faut saluer le livre de Sainéan comme la production la plus remarquable dans le domaine des recherches philologiques sur l'argot... Grâce à un labeur acharné, l'auteur a réussi à établir sur une base solide une branche de la philologie française qui jusqu'à lui était dans le chaos. Il l'a rendue ainsi accessible aux linguistes, aux littérateurs et aux historiens de la civilisation. »

Mon premier éditeur fut Honoré Champion. Je dois un souvenir ému à ce représentant de la vieille librairie française. Il avait vu défiler dans sa boutique les plus grands érudits et écrivains de son temps, dont il aimait à évoquer le souvenir. Dès notre première rencontre, nous sommes devenus amis et, jusqu'à sa mort, il conserva à mon égard une attitude vraiment paternelle.

II

IDIOMES VULGAIRES

Pendant les années 1903 et 1904, j'ai suivi assidûment, à titre d'auditeur, les conférences de Jules Gilliéron, à l'Ecole des Hautes-Etudes, sur la dialectologie gallo-romane. Ce grand travailleur préparait alors son *Atlas linguistique de la France*, qui allait le rendre célèbre.

Ces conférences étaient débitées avec une animation et un enthousiasme communicatifs, qui entraînaient l'auditoire. J'en ai, pour ma part, tiré grand profit. Elles m'ont inspiré le désir d'étudier les recueils patois, nombreux et suggestifs, et ces lectures, souvent reprises, m'ont été d'une grande utilité pour mes travaux ultérieurs.

Après tant d'années écoulées, je peux affirmer qu'il n'y a pas de meilleure introduction à l'étude historique de l'idiome national que ces glossaires régionaux. Le plus insignifiant même de ces recueils peut fournir des données instructives. Libre au phonéticien de les négliger, à cause de l'imperfection de leur notation orthoépique, mais l'historien de la langue les consultera toujours avec intérêt et profit.

Même après la publication de l'*Atlas linguistique de la France* (1902-1910), ces répertoires conservent toute leur valeur pour le vocabulaire. Les données de l'*Atlas*, forcément limitées, doivent être complétées par celles de ces glossaires. Les unes comme les autres servent à éclairer l'historique des mots.

La valeur de l'*Atlas* réside d'ailleurs dans ses données irréprochables sur la phonétique, dans la répartition géographique des vocables et aussi dans sa richesse lexicologique pour les notions familières aux rustiques. C'est l'*Atlas* qui nous a le premier révélé les noms hypocoristiques, pour la plupart enfantins, des animaux domestiques, ce qui m'a permis, dans les *Sources indigènes de l'Ety-*

mologie française, d'élargir le domaine de la métaphore linguistique.

Ce qui avait frappé les érudits dans mon livre sur l'*Argot ancien*, c'étaient, entre autres, les nombreux rapprochements dialectaux qui éclairaient singulièrement les origines des vocables argotiques. Dans les *Sources de l'Argot ancien*, j'avais étudié pour la première fois les actions et réactions du jargon et des idiomes vulgaires. Sous le titre de « Survivances de l'Argot ancien », j'y avais tracé un tableau des vestiges que le jargon a laissés dans le langage parisien et les parlers provinciaux. La préface de 1912 se terminait par cette promesse : « Nous avons réservé pour un autre ouvrage la fusion de l'argot, ainsi que celle des autres parlers spéciaux, dans le bas-langage parisien, le développement historique de ce dernier et les divers contingents sociaux qui ont alimenté son vocabulaire ».

Ce programme fut réalisé dans un volume paru sept ans plus tard sous le titre : *Le Langage parisien au XIXe siècle* (1919).

Ainsi, mes recherches sur l'Argot ancien m'ont conduit à l'étude des parlers provinciaux et du langage parisien. Au fur et à mesure de leur avancement, j'ai acquis la conviction de la pénétration de plus en plus intense dans le bas-langage de la capitale des termes du jargon, qui finit par y trouver son dernier refuge. Au stock considérable des apports des classes en marge de la société — voleurs, gueux, vagabonds, saltimbanques, filles — vinrent s'ajouter, dans la seconde moitié du XIXe siècle, les contributions également importantes des classes professionnelles.

D'autre part, et par l'intermédiaire des gens de métiers venus à Paris de tous les coins de France, le langage parisien s'enrichit d'un grand nombre de vocables de terroir, abondance qui contraste avec la pénurie des emprunts étrangers — allemands, italiens, etc., — faits à la même époque, par divers intermédiaires.

Le vulgaire parisien vit ainsi son vocabulaire s'enrichir indéfiniment. En comparaison de son état au début du XIXe siècle, il accusa un changement profond et surprenant. Non seulement son vocabulaire se décupla, mais son trésor métaphorique devint inépuisable. Les langues spéciales et techniques des soldats, des marins, des ouvriers lui fournirent une ample moisson d'images à la fois pittoresques et frappantes. D'autre part, l'importance exceptionnelle prise par la capitale eut pour conséquence l'expansion du parler parisien dans le pays tout entier.

Les matériaux que j'ai su réunir étaient d'une abondance et d'une variété qui ne laissaient rien à désirer. J'ai cru pourtant devoir entreprendre des enquêtes partout où l'exigeaient les lacunes de mon expérience.

En ce qui touche l'argot des malfaiteurs de nos jours, j'ai démontré, qu'à part quelques réminiscences de l'ancien jargon, il se confond en très grande partie avec le bas-langage parisien. Ce que nos dictionnaires d'argot enregistrent comme appartenant au jargon moderne, n'est généralement qu'un produit factice ou livresque.

Des policiers comme Rabasse et Macé (1889), à la fois ignorants et dupes de leurs informateurs, ont encombré les dictionnaires d'argot d'un fatras inutile. Le premier de ces policiers a cumulé de grossières bévues et forgé des vocables superflus; le deuxième a pris, pour du jargon, des vocables de la *germania* que lui a fournis un détenu espagnol. Larchey et ses successeurs ont accueilli avec trop de complaisance ces ridicules élucubrations.

C'est ainsi que Bruant qui a groupé, dans son *Dictionnaire du XXe siècle* (1900), toutes les erreurs et les non-sens de ses devanciers, a accueilli des données absolument sujettes à caution, sinon forgées de toutes pièces. Il suffit de lui comparer à cet égard le *Dictionnaire français-argot* (1837) de Vidocq, pour être frappé de la sobriété de l'un et de l'exubérance toute artificielle de l'autre :

Vidocq. — Soleil : *luysard*; Terre : *dure*; Fenêtre : *venterne.*

Bruant. — Soleil : *beau-blond, huré couchant, le glorieux, le grand lumignon, luis, luisard, luysard*; Terre : *la base, la basse, la dure, la produisante, le royaume des taupes, le sapin des cornants, maman*; Fenêtre : *indiscrète, insipide, lanterne, luisante, vanterne, venterne, ventouse.*

Suivons maintenant la formation factice d'un de ces prétendus termes, œuvre exclusive des argotistes littérateurs.

Les voleurs modernes désignent par *fade*, proprement partage (*fader*, répartir le vol), le partage du produit d'un vol. Ce terme et surtout le verbe correspondant ont acquis un développement sémantique particulier dans le bas-langage[1]. Or voici ce qu'il est devenu entre les mains de nos argotistes.

Rigaud (1881) ne donne que *fade*, partage d'un vol, mais Hayard

1. Voir *Langage parisien*, p. 517.

(1906) ajoute *fademuche*, partage, part, et Virmaître (*Suppl.* 1896) prétend que : « Dans le monde des souteneurs, on dit *fader* et *falmucher* ». Ce dernier figure à côté d'*aller chez Faldès*, locution que donnent la plupart de ces recueils et que Larchey (*Suppl.* 1888) explique ainsi : « Terme fabriqué évidemment sur le mot *fade* (part de vol) et *fader* (partager) ».

Il n'en est rien. En fait, cette locution remonte à la retentissante affaire Fualdès, procès criminel qui se déroula en 1817 devant la Cour d'assises de l'Aveyron et qui a donné matière à une complainte longtemps célèbre.

Toutes ces formes parasitaires : *fademuche*, *falmuche*, *falmucher*, *aller chez Faldès* — n'ont existé que dans l'imagination des argotistes. Bruant, qui les donne toutes, cite, aux mots *écol* et *partager*, des exemples sans références, sauf un (*falmuche*) de Bercy, dont il faut lui laisser la paternité.

Mes enquêtes ont porté notamment sur l'argot des bouchers et sur celui des saltimbanques.

Le premier, dit *loucherbème*, tout moderne et d'une action presque nulle, était mal connu et on en avait étrangement abusé, en transportant à la période la plus ancienne du jargon ses procédés anagrammatiques. En fait, il ne dépasse pas le premier quart du XIXe siècle, et il est resté à peu près étranger au jargon et au langage parisien, bien que des littérateurs et des argotistes se soient efforcés d'en élargir indéfiniment le cadre et d'en faire un usage théorique absolument abusif.

Ce sont surtout les forains qui ont retenu mon attention. J'ai tâché d'étudier sur place leur vocabulaire spécial, en me documentant auprès de quelques représentants notoires de la profession. Ainsi renseigné, j'ai été à même de faire ressortir, avec force exemples, les termes caractéristiques que les saltimbanques ont fournis au parler populaire de la capitale.

Je me suis constamment efforcé de replacer chaque terme du langage parisien dans son milieu spécial et cela suffisait parfois à en préciser l'origine. Par exemple, on lit dans un livre récent : « *Soulographie* et *soulographe* ne sont pas des mots d'origine populaire, mais ont dû germer dans la cervelle de quelque bohème frotté de grec mais non lettré. Le peuple n'aurait pas forgé cette laideur[1] ».

1. H. Bauche, *Le Langage populaire ou le français tel qu'on le parle dans le peuple de Paris* (1920), p. 79.

Il n'en est rien. Le terme est foncièrement vulgaire, comme en témoigne le milieu où il a pris naissance : les imprimeurs, biberons notoires, d'où *soulographie*, calqué sur *typographie*, ivresse complète, tout d'abord parmi des typos, ensuite généralisé. Balzac en avait déjà indiqué la provenance professionnelle dans *Un grand homme de province à Paris* (ch. XXVII) : « Si je donne les dix francs aux ouvriers, Monsieur, ils feront de la *soulographie*, et adieu votre *typographie*, plus de journal ».

Pour la première moitié du XIXe siècle, j'ai pu utiliser de nombreux recueils de *Locutions vicieuses*, dont j'ai pour la première fois fait ressortir la portée sociale et linguistique. Je disposais, pour la seconde moitié du XIXe siècle, non seulement d'amples recueils lexicographiques qui se succèdent pendant cinquante ans, de 1856 à 1908, mais de toute une littérature qui va des chansons aux périodiques écrits en vulgaire parisien. Les dix années de publication du *Père Peinard* (1889-1900), notamment, que j'ai le premier utilisées sous le rapport lexicologique, m'ont fourni des matériaux très abondants.

D'excellents connaisseurs du langage parisien — Emile Pouget, Léon de Bercy et surtout Jehan Rictus — m'ont constamement fait profiter de leur expérience du parler vulgaire.

Une fois en possession de ces nombreux documents, il restait à introduire dans ce chaos l'espace et la lumière, à classer les matériaux, à remettre chacun de ces vocables dans son milieu social et professionnel, et à soumettre l'ensemble à un traitement strictement historique. J'ai procédé de mon mieux à cette tâche délicate et complexe.

C'est en linguiste et en sociologue que j'ai abordé cet immense accroissement du vulgaire parisien pendant la seconde moitié du XIXe siècle. J'en ai recherché les facteurs sociaux et les contingents linguistiques. J'ai voulu montrer par quels courants multiples s'est constitué ce vocabulaire débordant, qui a fini par absorber vingt langues spéciales et professionnelles.

On a insisté, à différentes reprises, sur une prétendue démarcation à établir entre le langage parisien et le jargon des malfaiteurs. Encore récemment on a répété : « Ce serait une erreur absolue de confondre le langage populaire avec l'argot, comme on le fait dans certains dictionnaires[1] » ; mais l'auteur s'empresse d'ajouter : « Il

1. H. Bauche, *ouvr. cité*, p. 18 et 20.

faut reconnaître que l'argot des malfaiteurs, l'argot des prisons, entre pour une part notable dans la formation du langage populaire ». Et ailleurs : « Les frontières entre l'argot et le langage populaire sont difficiles à déterminer. »

En fait, jusqu'en 1850, le jargon et le parler vulgaire sont restés foncièrement divergents, chacun suivant un développement à part; mais, à partir de cette date, les deux courants se sont graduellement confondus dans le canal du langage parisien, de sorte que, de nos jours, l'apache et l'homme des classes laborieuses se servent essentiellement du même parler. Cette constatation est un des résultats les plus positifs de mes longues recherches.

Ce dernier fait, d'importance à la fois linguistique et sociale, a donné au vulgaire parisien un caractère à part et essentiellement différent de ce qu'il était dans la première moitié du XIXe siècle. L'intrusion du jargon dans le langage de la capitale en a considérablement augmenté le fonds lexicologique en même temps qu'il lui a donné plus de couleur et de relief.

De là, des rapports intimes entre le parler vulgaire et le jargon des malfaiteurs, rapports qu'on s'obstine à nier malgré l'évidence des faits.

Qu'il me soit permis de rappeler ici un souvenir personnel.

En 1915, moins d'un an après l'éclosion de la guerre mondiale, j'ai le premier essayé de noter les transformations linguistiques qui venaient de se manifester dans les tranchées et qu'on pouvait suivre dans les lettres des Poilus et les journaux du front. Le *Temps* du 29 mars 1915 inséra mon premier article : « La Langue et la Grande Guerre », sous le titre l'*Argot des Tranchées*; mais un deuxième article, mieux documenté et contenant un aperçu des éléments constitutifs de ce langage spécial, me fut retourné par le secrétariat de la rédaction avec une lettre fort polie, où on lisait (21 avril 1915) :

« Nous avons lu votre article avec le plus grand intérêt. Il nous est malheureusement bien difficile de le reproduire. Il ne s'agit plus seulement, en effet, de l'argot des tranchées, mais un peu de la langue des apaches. Nos lecteurs ne seraient-ils pas choqués de trouver quelques-unes de ces expressions dans nos colonnes? »

C'est là, en gros, l'opinion générale qui juge d'après des impressions, au détriment des faits dûment constatés. N'avons-nous pas lu encore tout récemment, sous la plume d'un linguiste, cette affirmation surprenante, au début d'un compte rendu de notre *Langage parisien* : « Le titre de cet ouvrage risque d'induire en erreur et de faire croire que tous les Parisiens d'aujourd'hui parlent comme des Apaches[1] ».

Aussi n'ai-je jamais soutenu une pareille exagération. Je me suis borné à constater que *tous les Parisiens des basses classes* — ouvriers, soldats, marins, forains, malfaiteurs — parlent essentiellement le même langage, fortement imprégné de termes de l'ancien jargon.

Dans un pays démocratique comme la France, il est surprenant de rencontrer ce mépris pour le langage du peuple. L'inintelligence des grammairiens du passé, qui condamnaient en bloc toutes les innovations, a laissé des traces persistantes. Rien de plus amusant que l'embarras de nos littérateurs en présence de mon *Langage parisien*[2]. Je suis fier d'avoir rendu à ce parler sa valeur linguistique et sociale, et d'en avoir réintégré l'étude dans l'ensemble de la philologie française.

Le critique compétent et consciencieux ne manquera pas de relever ces résultats nouveaux et féconds. Il constatera les solides assises documentaires sur lesquelles s'élève l'édifice, et la méthode, à la fois sociologique et linguistique, qui y est appliquée pour la première fois à l'étude du vocabulaire d'une grande agglomération sociale comme la population parisienne et au rayonnement de ces parisianismes en France et hors de France.

Le regretté historien et critique, Arthur Chuquet (mort en 1925), en a donné un compte rendu détaillé dans la *Revue critique d'histoire et de littérature* d'avril 1921, d'où j'extrais ces passages :

« Excellent livre, très intéressant, très instructif d'un bout à l'autre et qui témoigne d'un labeur infini, d'un vaste savoir, d'une très vive sagacité. Il est indispensable à qui veut connaître à fond le vocabulaire français. Le langage parisien du XIXe siècle auquel M. Sainéan consacre ce considérable travail, n'est-ce pas notre langue à tous?

« M. Sainéan a mis en œuvre des matériaux nombreux et il nous apporte une masse énorme de renseignements. Mais tout cela est parfaitement classé et ordonné. Il faut louer hautement, outre la science de l'auteur, sa méthode, sa critique et l'ordre qu'il a mis

1. *Revue des langues romanes* de 1925, p. 192 (article signé Maurice Grammont).

2. M. Gustave Lanson, dans son excellent *Manuel bibliographique* (éd. 1921), Supplément au XIXe siècle, p. 1767, range notre *Langage parisien*, sous la rubrique *Littérature populaire*, avec un recueil de contes rustiques de l'Argonne.

dans cet énorme assemblage de mots et d'expressions. Et cette étude si bien conduite est en même temps attachante.

« Son livre est de haute valeur, un ouvrage scientifique, composé après de longues et consciencieuses recherches, et aussi exact, aussi complet que possible. Il offre son livre à la France, sa patrie intellectuelle, avec nous tous les Français l'assureront de leur reconnaissance ».

A son tour, la critique allemande a insisté sur le côté sociologique:

« L'auteur embrasse le sujet dans un cadre assez vaste. Fidèle à la méthode qu'il a appliquée dans ses autres publications, il étudie les faits linguistiques à la lumière des faits sociaux. Il fait ressortir l'influence qu'a exercée sur le langage parisien le parler des soldats, des marins, des malfaiteurs. Il montre, dans des recherches copieusement documentées, comment mainte expression de ces sphères spéciales pénètre et se développe dans le bas-langage, avant de passer à la langue générale. Il étudie les origines multiples de ce vocabulaire parisien et nous révèle les sources qui l'ont alimenté[1]. »

1. Kurt Glaser, dans *Zeitschrift für französische Sprache*, t. XLVII, 1925, p. 485 à 486.
Voir, en outre, *Revue de l'Enseignement* de juillet-août 1921. — *L'Intermédiaire des chercheurs* du 1er février 1921 (Montorgueil), etc.

III

ETUDES RABELAISIENNES

Absorbé par mes recherches sur les langues spéciales et vulgaires de la France, j'étais resté jusqu'alors à peu près étranger au mouvement d'études sur l'œuvre rabelaisienne que venait de susciter M. Abel Lefranc. A l'Ecole des Hautes-Etudes d'abord, au Collège de France ensuite, son enseignement sur l'histoire littéraire de la Renaissance avait groupé, au début du xxe siècle, nombre d'auditeurs, dont quelques-uns allaient devenir des maîtres. Il avait pris comme sujet de ses conférences l'œuvre de l'illustre écrivain tourangeau, dont le commentaire était resté à peu près stationnaire depuis Le Duchat (1711). Secondé par quelques-uns de ses élèves, il s'efforçait d'en élargir le cadre et de l'établir sur des bases vraiment scientifiques.

M. Lefranc fonda au début de 1903 la Société des Etudes rabeaisiennes, qui, la même année, inaugura une *Revue des Etudes rabelaisiennes*. La généreuse initiative de Mme la Marquise Arconati-Visconti, en 1907, rendit possible une future édition critique des *Œuvres de Rabelais* (1912 et suiv.).

C'est en 1906 que je vis un jour, à la Bibliothèque de l'Université, M. Lefranc s'approcher de moi et me proposer de collaborer à la *Revue des Etudes rabelaisiennes*. J'étais resté jusqu'alors en dehors du xvie siècle et, de Rabelais lui-même, je n'avais fait qu'une lecture sommaire.

Tempérament enthousiaste, intelligence ouverte à tous les problèmes littéraires, Abel Lefranc avait fait ressortir, en l'appuyant de preuves documentaires, le réalisme de l'œuvre rabelaisienne et avait relevé à différentes reprises son caractère encyclopédique. Véritable animateur, il avait communiqué son ardeur à ses disciples : Jacques Boulenger, Henri Clouzot, Jean Plattard, qui ont tour à tour renouvelé la critique du texte, la biographie et les sources antiques de Rabelais.

La franche et cordiale invitation de M. Lefranc me donna envie d'approfondir l'œuvre du Maître.

Ce fut pour moi une révélation, mais j'étais loin, très loin de me douter que l'étude linguistique de Rabelais allait devenir, dès ce moment, la grande préoccupation de ma vie.

Les cinq premiers tomes de la *Revue du XVIe siècle* étaient remplis de recherches intéressantes sur la biographie et la topographie rabelaisiennes, sur l'ambiance de Rabelais et sur son influence. A partir du tome VI, l'étude de sa langue prit le dessus et resta longtemps dominante.

J'avais conçu, dès le début, ma tâche de la manière la plus large. Le lexique de Rabelais est le plus vaste, le plus complexe qu'on connaisse : son interprétation purement verbale n'en représente qu'une face. Chacun de ses termes répond à une réalité technique ou scientifique, marque un moment important dans l'évolution de l'esprit national. Ajoutons que les mots correspondants trouvent pour la plupart, dans l'œuvre rabelaisienne, leur premier texte de langue.

Ce vocabulaire, presque illimité, devient ainsi un monde où se reflète toute la vie des hommes de la Renaissance sous ses aspects les plus divers.

Il importait donc de replacer chacun de ces vocables dans son milieu spécial et d'en faire ressortir ainsi la valeur à la fois linguistique et sociale. Mais ce résultat ne pouvait s'obtenir qu'en dépouillant les principaux auteurs des XVe et XVIe siècles pour dégager l'originalité du grand écrivain sous le rapport de la langue et en utilisant ensuite, pour éclairer son vocabulaire, les multiples ressources de la philologie, notamment les patois des régions que Rabelais a fréquentées et dont il a tiré parti.

Il fallait, d'autre part, envisager ces résultats linguistiques à la lumière des faits sociaux contemporains, en montrer l'étroite connexion ainsi que la portée considérable pour la civilisation de la Renaissance.

Tâche immense et ardue devant laquelle avaient reculé tous les philologues.

Un de mes premiers articles — *Le Vocabulaire de Rabelais* — parut en 1908 et fut suivi de nombreuses contributions linguistiques qui se prolongèrent, au cours de la *Revue des Etudes rabelaisiennes* et de la *Revue du XVIe siècle*, pendant une quinzaine d'années.

Cette énorme accumulation de faits a fourni la matière à une série d'ouvrages, dont plusieurs ont été rédigés pendant la Grande Guerre. Les voici dans l'ordre de leur apparition :

1. ŒUVRES COMPLÈTES DE RABELAIS. — Edition critique publiée par Abel Lefranc, J. Boulanger, H. Clouzot, P. Dorveaux, J. Plattard et L. Sainéan, livres I et II (1912-1922).

Peu de temps après mon entrée à la Société des Etudes rabelaisiennes, M. Lefranc me fit l'honneur de me charger du commentaire philologique de la savante édition qu'il projetait. Cette collaboration avait été auparavant confiée à M. Ant. Thomas, que ses multiples occupations forcèrent d'y renoncer. En assumant cet honneur et cette responsabilité, je me rendais parfaitement compte des difficultés de l'entreprise. Mais j'avais derrière moi cinq ans de préparation dans cette voie et j'avais déjà fourni, dans la *Revue* de la Société, nombre de contributions philologiques sur l'œuvre rabelaisienne.

J'avais trouvé, en outre, en Henri Clouzot un compagnon d'études rabelaisiennes des plus obligeants. Ouvrier de la première heure, il avait déjà éclairci plusieurs points obscurs de la vie de Rabelais et appelé l'attention des rabelaisants sur l'importance de la topographie régionale et sur l'ambiance du grand Tourangeau. Il put ainsi me faciliter les premiers pas dans la nouvelle carrière où je venais de m'engager et stimuler mon activité dans cette voie. Ce furent là les germes d'une amitié, chère et précieuse, qui restera vive, je n'en doute pas, jusqu'à la fin de nos jours.

A la Société des Etudes rabelaisiennes, j'ai rencontré un autre ami dévoué, le Dr Paul Dorveaux, qui voulut bien guider mes recherches dans le domaine scientifique de la Renaissance française. Dans une des salles de la Bibliothèque de l'Ecole de Pharmacie qu'il avait mise à la disposition des membres de la Société, on se réunissait, sous la présidence d'Abel Lefranc, pour discuter en commun la mise en œuvre des premiers chapitres de *Gargantua*. Avec son indulgente bonhomie qui rappelait celle du Maître, notre cher président participait aux échanges de vues, les provoquait et faisait profiter l'équipe laborieuse de son expérience.

Grâce à ce travail préliminaire, le *Ier Livre* de Rabelais put paraître en 1912.

Mes matériaux étaient déjà suffisamment avancés pour me permettre d'en tirer parti pour les « Notes du commentaire ». Certains chapitres particulièrement complexes, comme les jeux de Gargantua, ont exigé des recherches longues et minutieuses. Les notes correspondantes, en collaboration avec H. Clouzot, ont mis à profit des sources traditionnelles inexplorées jusqu'alors.

La critique a salué l'apparition de cette belle édition, « qu'on peut enfin considérer comme définitive ». M. E. Bourciez lui a consacré une appréciation détaillée, dont voici la partie qui me concerne (*Revue critique* de 1914, t. I, p. 381 à 384) : « La part contributive de M. Sainéan a été des plus considérables, puisqu'il avait assumé presque à lui seul un commentaire linguistique, qui porte sur une infinité de termes archaïques ou dialectaux. La tâche était lourde, et en somme elle a été bien remplie, car sans entrer dans de trop longues discussions et sans faire un cours de philologie romane, le commentateur est arrivé à donner presque tous les éclaircissements nécessaires au gros des lecteurs ».

Malheureusement, les travaux préparatoires traînèrent en longueur (1907 à 1912) et finirent par refroidir la belle ardeur initiale. La guerre survenue fut un obstacle autrement grave. Le *Livre II*, presque achevé avant 1914, ne vit le jour qu'en 1922.

Sur ces entrefaites, plusieurs collaborateurs, obligés par la multiplicité de leurs travaux ou par leur âge — Boulenger et Clouzot, Dorveaux et Sainéan — se retirèrent de l'Edition, en cédant la place à des forces plus jeunes et plus entreprenantes. Il est à souhaiter que ces défaillances forcées ne viennent pas ralentir le bel élan des rabelaisants et reculer l'achèvement de cette savante entreprise, le monument le plus durable qu'on ait élevé jusqu'ici au génie de Rabelais.

II. L'HISTOIRE NATURELLE ET LES BRANCHES CONNEXES DANS L'ŒUVRE DE RABELAIS (1921). — Tirage à part de la *Revue du XVIe siècle*, t. III à VIII, 1915-1921.

L'œuvre de Rabelais renferme une masse de notions scientifiques, parmi lesquelles les détails d'Histoire naturelle sont les plus nombreux et les plus caractéristiques. Ces données remontent pour la plupart à l'héritage scientifique du passé; d'autres appartiennent à l'époque même de notre auteur; enfin plusieurs, et des plus intéressantes, sont dues à ses observations personnelles, à sa curiosité universelle.

Il importait d'en faire le départ et d'assigner à chacun de ces *faictz de Nature* sa place dans l'ensemble du mouvement scientifique de la Renaissance.

J'ai recherché les sources nombreuses où Rabelais a puisé, en établissant leurs filiations et leurs intermédiaires; j'ai relevé les emprunts que son génie d'écrivain a renouvelés; j'ai enfin consigné les apports de son immense curiosité et de sa vision à la fois précise et colorée.

La méthode réaliste, qui envisage les faits dans leur ambiance sociale, se révèle aussi dans le domaine scientifique, comme ailleurs, d'une heureuse fécondité.

A l'histoire naturelle proprement dite j'ai ajouté la Médecine, la Pharmacie et l'Alimentation, branches connexes qui trouvent dans les sciences de la nature leur point de départ et leur application immédiate. Je les ai soumises à la même appréciation strictement historique, en les étudiant à la lumière des documents contemporains. Le souci constant de rattacher les faits consignés par Rabelais à la science de l'époque et à la vie sociale du XVIe siècle renouvellent la matière et lui donnent un intérêt particulier.

J'ai trouvé, pour écrire ce livre, une vraie mine de renseignements dans la Bibliothèque de l'Ecole supérieure de Pharmacie. Le Dr Dorveaux y avait réuni une collection incomparable d'œuvres scientifiques de la Renaissance. C'est grâce à l'extrême obligeance de mon vénérable ami que j'ai pu consulter l'ensemble des publications rarissimes de Pierre Belon et d'autres naturalistes, ses contemporains. Je fus ainsi à même d'éclairer chacun des termes scientifiques de Rabelais par les travaux des spécialistes de son époque.

Ma méthode est, ici comme ailleurs, strictement historique. La science naturelle au XVIe siècle, chez Rabelais comme chez son contemporain Belon, est en grande partie livresque ou basée sur l'expérience vulgaire. Essayer d'introduire dans les détails confus qu'ils nous présentent la précision de nos jours, c'est substituer nos propres vues à celles des naturalistes de l'époque et nous fermer ainsi de propos délibéré toute compréhension des faits rapportés, des traditions et des croyances alors dominantes. Ce n'est certes pas là de la science au sens propre et moderne du mot, mais de l'érudition pure et simple, c'est-à-dire en somme de la philologie[1].

1. Voir *Revue du XVIe siècle*, t. X, 1923, p. 219 à 221, où le Dr Paul De-

III. La langue de Rabelais. — Tome Ier, *Civilisation de la Renaissance*, 1922 (XII, 508 pages). — Tome II, *Langue et Vocabulaire*, 1923 (580 pages).

Quinze ans de travaux préparatoires m'ont permis de publier le premier ouvrage d'ensemble sur la *Langue de Rabelais*[1].

Chacun des faits linguistiques de l'œuvre, replacé dans son temps et dans son milieu, y est envisagé en rapport avec le progrès social et l'état intellectuel de la nation. J'ai essayé de faire pour Rabelais ce qui n'a encore été réalisé ni pour Dante ni pour Shakespeare.

Le premier volume trace de la Société française, à l'époque de la Renaissance, un tableau dont les traits essentiels sont empruntés à l'œuvre du grand écrivain.

Contemporain du plein épanouissement de la Renaissance, il a su rendre, en termes heureux et définitifs, les acquisitions d'une des époques les plus fécondes pour l'esprit humain. La pensée et l'expression, le mot et la chose sont chez lui dans un rapport intime, et cela à un degré qui n'a peut-être jamais été atteint. La philologie rabelaisienne est inséparable de l'histoire de la civilisation du xvie siècle.

Le deuxième volume embrasse la langue et le vocabulaire considérés sous le triple aspect : linguistique, psychologique et imaginatif.

Les créations verbales du grand Tourangeau, si heureuses et si frappantes, son onomastique et surtout les côtés affectifs de son langage — images et comparaisons — ont été étudiés avec le même intérêt que les éléments linguistiques proprement dits de son vocabulaire, immense, original et varié.

Les deux volumes constituent un monument philologique, élevé à un des plus puissants génies de la France et de l'humanité, en même temps qu'une vaste synthèse de l'idiome national dans la première moitié du xvie siècle.

J'ai appliqué à cette œuvre complexe et féconde une méthode à la fois linguistique et sociologique.

launay s'efforce d'éclairer le chaos des *faictz de nature* de la Renaissance par des identifications tirées de l'histoire naturelle de nos jours. Cette tentative est diamétralement opposée à la méthode historique suivie dans mon travail.

1. Le titre primitif était : *La Langue de Rabelais dans ses rapports avec la civilisation de la Renaissance et les écrivains des* xve-xvie *siècles.*

La vie nomade de Rabelais, son ambiance sociale, sa curiosité universelle, sa documentation vivante par contact direct avec les gens de métier — tous ces facteurs s'éclairent mutuellement.

Nous le suivons dans ses nombreux déplacements à travers les diverses régions de la France, tout particulièrement dans les pays de l'Ouest, du Centre et du Midi. Nous l'entendons interroger, ici, les braconniers vendéens; là, les pêcheurs bretons; ailleurs, les marins normands.

Et en nous transportant avec lui dans le Midi, nous le voyons à Marseille compléter son catalogue des oiseaux et des poissons par les espèces particulières à la région méditerranéenne.

Accompagnons-le maintenant dans ses voyages successifs en Italie. Il en profite à chaque pas pour enrichir son expérience dans les arts, l'industrie et le négoce, se mêlant aux foules et se renseignant partout auprès des gens de métiers.

La marine, à cet égard, nous offre un exemple frappant de son insatiable curiosité. Il avait déjà recueilli, dans sa patrie, les termes nautiques de la Loire, de l'Océan et de la Méditerranée. Il complète à Venise sa provision d'emprunts provençaux et catalans par nombre de termes de marine vénitiens. Là ne s'arrête pas sa curiosité. Il prend part à la vie du bord, écoute les exclamations des matelots, assiste à leurs manœuvres et entonne leurs chants cadencés.

M. Lefranc annonçait en ces termes l'apparition du premier volume de la *Langue de Rabelais* :

« La simple énumération des matières suffit à montrer la richesse et la variété de ce premier volume. Ce n'est pas aux amis des études rabelaisiennes qu'il est nécessaire de recommander une pareille œuvre, où je trouve condensé le fécond labeur de toute une vie. Il y a longtemps que les lecteurs de cette Revue et de l'édition de Rabelais ont appris à admirer la science étendue et pénétrante et par ailleurs, si probe de notre confrère et collaborateur. Il a rempli cette vaste tâche avec un désintéressement absolu, auquel nous tenons à rendre hommage. Qu'il trouve sa récompense dans le succès éclatant de la *Langue de Rabelais* ! c'est le vœu que nous formulons ici avec une ardente conviction ».

De son côté, Jean Plattard écrivait dans la *Revue critique* du 15 sept. 1923 :

« On sait la richesse de la langue de Rabelais. Son prodigieux vocabulaire où se rencontrent archaïsmes, termes de métiers, parlers dialectaux, latinismes, italianismes, hellénismes, n'avait jusqu'ici fait l'objet d'aucune étude d'ensemble; et Brunetière s'en étonnait avec raison. A vrai dire, ce travail a dû tenter plus d'un grammairien; mais comment n'aurait-on pas hésité à assumer une tâche qui promettait d'être si lourde? M. Sainéan ne s'est laissé rebuter ni par l'ampleur, ni par les difficultés de l'entreprise. Depuis 1908, il a consacré le meilleur de son activité de philologue à cette œuvre de longue haleine. Il a multiplié les explorations dans les domaines linguistiques les moins accessibles, « dépouillé » les œuvres des prédécesseurs et contemporains de Rabelais, compulsé les lexiques et dictionnaires techniques les plus variés — surtout, il s'est efforcé de saisir, par delà le vocabulaire, la réalité, c'est-à-dire toute la civilisation française du XVIe siècle dont l'œuvre de Rabelais est le miroir. Il a consigné les résultats de cette enquête dans les deux volumes qu'il publie aujourd'hui sur la *Langue de Rabelais*.

« Telles sont les grandes lignes de cette multiple enquête qui abonde en résultats neufs. S'il fallait en indiquer les parties les plus originales, je mettrais en première ligne les chapitres relatifs à l'italianisme, au vocabulaire nautique, à la parémiologie, aux éléments psychologiques du langage. Il n'en est aucun qui n'apporte des observations ingénieuses ou des trouvailles inattendues, aucun qui ne mérite de retenir l'attention du philologue et du critique littéraire. »

M. Kurt Glaser, enfin, a fait ressortir le côté sociologique[1] du livre :

« L'ouvrage de Sainéan, par son plan et sa méthode, inspire tout d'abord un haut intérêt. L'auteur, pour saisir la langue du grand écrivain, part du milieu où Rabelais a vécu. Il trace, dans le premier volume, un ample tableau de la civilisation de la Renaissance et il y fait entrer les traits caractéristiques de la langue rabelaisienne. Ensuite, passant des choses aux mots, il envisage les faits d'ordre linguistique dans leurs rapports avec l'ambiance sociale.

« L'auteur place partout Rabelais dans le tourbillon de son temps, montre comment il a été influencé par les multiples formes de la

1. *Zeitschrift für französische Sprache und Literatur*, t. XLVII, 1925, p. 208 à 212.

Voir, en outre, *Polybiblion*, partie littéraire, août-septembre 1924, p. 116-118 (André Courtet). — *Revue des Cours et Conférences* du 15 juillet 1923 (Albert Dubeux). — *L'Intermédiaire des chercheurs* du 10 mars 1923 (Montorgueil). — *Romania* de 1923, p. 318 (Mario Roques). — *Neophilologus* de 1925, p. 49-51 (Sneyders de Vogel), etc.

vie sociale, comme il a vu les villes et les ports, les hôpitaux et les écoles, les institutions et les hommes, comment il a fréquenté les matelots et les trafiquants, écouté attentivement les chansons populaires et les jeux d'enfants — tout ce qu'il a pu voir et entendre, il l'a élaboré dans sa langue.

« Il en résulte que Rabelais se meut sur un terrain beaucoup plus réaliste qu'on ne l'a cru jusqu'ici et c'est le grand mérite de Sainéan d'avoir clairement fait sentir ce côté réaliste de la langue de Rabelais. »

IV. Problèmes littéraires du xvie siècle. — *Le Cinquième livre*. — *Le Moyen de parvenir*. — *Les joyeux Devis*, Paris, 1927, VIII, 302 pages.

Depuis trois siècles et demi le problème de l'authenticité du *Ve livre* de Rabelais reste toujours ouvert. Des opinions pour et contre, la plupart subjectives ou conjecturales, se sont succédé depuis 1562 jusqu'à nos jours, sans que la question ait fait un pas décisif.

Le problème est toujours en suspens. Le flottement des opinions continue avec un penchant très accusé vers la négative.

Il est temps de mettre un terme à ces incertitudes, en serrant le problème de plus près et en le considérant sous toutes ses faces. Une étude consciencieuse, embrassant à la fois l'ensemble et les parties constitutives de ce livre posthume, faisant tour à tour appel à la critique des textes, à la philologie et à l'histoire littéraire, ne laissera pas d'éclairer cette grave controverse d'un jour nouveau et, peut-être, de la résoudre définitivement.

Tout autre est le cas du *Moyen de parvenir* et son exemple reste à peu près isolé dans le domaine de l'histoire littéraire. Que le manuscrit d'un auteur médiocre s'égare et tombe entre les mains d'un remanieur, écrivain de race, qui le récrive d'un bout à l'autre dans un style et dans un esprit foncièrement différents de celui de son premier auteur, voilà un exemple unique qui nous a semblé mériter une étude à part.

Enfin, en ce qui touche les *Joyeux Devis*, j'ai démontré une fois de plus la paternité de Bonaventure Des Périers et fait ressortir la profonde originalité qui distingue ce grand écrivain, contemporain et admirateur de Rabelais.

Un excellent connaisseur de la littérature française de la Renaissance, M. F. Ed. Schneegans, Professeur à l'Université de Strasbourg, vient de consacrer aux *Problèmes littéraires* une analyse circonstanciée, dont voici les passages essentiels (*Bulletin de la Faculté des Lettres de Strasbourg* du 1er février 1929, p. 183 à 186) :

« M. Sainéan étudie méthodiquement trois importants problèmes de la littérature narrative du XVIe siècle.

« Les recherches de l'auteur sur l'authenticité du *Ve Livre* s'inspirent, non pas des raisons de sentiment, mais de l'examen approfondi de l'œuvre dans son ensemble et dans le détail de sa composition et de son vocabulaire. Les conclusions auxquelles M. Sainéan est amené, dans cette importante et savante étude, présentent un très haut degré de vraisemblance.

« La seconde partie est consacrée à l'étude du *Moyen de parvenir*. L'auteur résout, par une hypothèse hardie et qui est très vraisemblable, le problème des origines de ce livre étrange.

« Une étude détaillée des sources du vocabulaire et des historiettes du *Moyen de parvenir*, de l'influence dominante de Rabelais sur le style du livre, et d'autre part, des œuvres authentiques de l'auteur présumé Béroalde de Verville, amène M. Sainéan à conclure que le digne et médiocre écrivain que fut Béroalde, ne peut avoir écrit le *Moyen de parvenir*, mais que, d'autre part, cet ouvrage touche à des questions qui ont préoccupé le polygraphe Béroalde.

« M. Sainéan termine son étude par un chapitre sur l'influence très forte du *Moyen de parvenir*, qu'il relève dans La Fontaine, dans le *Tristram Shandy* de Laurence Sterne, dans les *Contes drôlatiques* de Balzac.

« La troisième partie réfute victorieusement les objections qui ont été faites à l'attribution de la paternité des *Joyeux Devis* à Bonaventure Des Périers.

« Ce livre, très riche de matière, est une contribution importante à l'étude des conteurs du XVIe siècle, de leur vocabulaire, des sources qu'ils ont utilisées. Une table des matières détaillée et un index alphabétique, comprenant environ 900 mots étudiés dans le texte, complètent heureusement ce remarquable travail.[1] »

1. Cf. en outre : *The Modern Language Review*, t. XXII, octobre 1927 (A. Tilley, p. 409 à 420 : « The fifth book of Rabelais »). — *Revue du XVIe siècle* de 1927, p. 405 et suiv. (Jean Pattard). — *L'Opinion* du 1er octobre 1927 (Jacques Boulenger).

V. L'INFLUENCE ET LA RÉPUTATION DE RABELAIS. — *Interprètes.* — *Lecteurs et Imitateurs.* — *Un Rabelaisien* (Marnix de Sainte-Aldegonde), Paris, 1929[1], VIII, 322 pages.

Les premiers livres du roman rabelaisien, à peine parus, ont eu des lecteurs innombrables. Ils étaient accessibles à tous, gens du commun ou lecteurs cultivés, à Paris aussi bien qu'en province. Comme ils apportaient, sous une fiction romanesque, des idées nouvelles, profondes et lumineuses, ils ne laissèrent pas d'exercer sur les contemporains une influence de plus en plus sensible.

Dès 1547, un des meilleurs ouvrages en prose du XVIe siècle, *Les Propos rustiques* de Noël du Fail, est directement inspiré de *Gargantua*. L'auteur est littéralement imprégné de Rabelais (qu'il ne nomme nulle part) et lorsque, une quarantaine d'années plus tard, il publie à Rennes ses *Contes d'Eutrapel* (1585), l'emprise rabelaisienne n'a rien perdu de son intensité.

C'est surtout après la mort du grand Tourangeau que son action devient prépondérante. Peu d'écrivains — conteurs ou essayistes, historiens ou moralistes, satiriques ou pamphlétaires — échappent à l'ascendant de son esprit.

En présence de ces faits, n'est-il pas étrange de voir un critique éminent soutenir que « jamais œuvre plus originale n'a certainement exercé moins d'action ? » : « Son influence a été nulle sur ses contemporains, et, avec le mélange unique de ses qualités et de ses défauts, il nous apparaît dans l'histoire contemporaine un de ces maîtres dont l'exemple n'a pas fait école[2]. »

On pourrait, croyons-nous, prendre la contre-partie de ces affirmations. La plupart des auteurs du temps, grands ou médiocres, célèbres ou obscurs, ont plus ou moins profondément subi son influence. L'histoire littéraire connaît peu de noms illustres qui aient joui d'un tel prestige.

Cette influence reste entière au XVIIe siècle et se prolonge jusqu'à nos jours. La plus grande gloire de Rabelais est d'avoir contribué à la formation intellectuelle d'un La Fontaine et d'un Molière, dignes continuateurs de son esprit et de son œuvre.

1. La composition de ce volume était complètement achevée dès le printemps 1928, mais, pour des raisons indépendantes de l'auteur, son apparition s'est trouvé retardée.
2. Brunetière, *Histoire de la littérature classique*, t. I, p. 165 et 184.

Là ne s'est pas arrêtée son expansion. Elle a franchi sa patrie pour se répandre (grâce aux traductions) en dehors de France, notamment en Allemagne et en Angleterre.

L'influence de Rabelais s'est ainsi exercée dans le temps et dans l'espace.

IV

RECHERCHES ETYMOLOGIQUES

N'est pas étymologiste qui veut. Notre grand philologue Gaston Paris n'a pas laissé de trace dans cette voie. Ménage est le premier grand étymologiste et, depuis plus de deux siècles, ses *Origines* constituent une des sources de l'étymologie française. Le *Dictionnaire* de Diez, d'autre part, est une œuvre véritablement initiatrice, dont la vertu fécondante est loin d'être épuisée.

Ce qui importe avant tout, c'est de ne pas considérer les mots *in abstracto*, comme on le fait habituellement, mais dans leurs rapports avec l'époque et le milieu social. Faute d'observer ce principe chronologique, les hypothèses étymologiques les plus ingénieuses restent illusoires.

Feu Adolf Tobler, un des érudits les plus versés dans l'ancienne langue et avec lequel j'ai eu l'honneur de passer plusieurs villégiatures à Heïden, en Suisse, me disait non sans amertume : « Mon ami Gaston Paris n'approuve aucune de mes étymologies françaises ». Tobler en avait proposé un grand nombre qu'on trouve réunies dans le Ve tome de ses *Vermischte Beiträge* (1912). J'en ai discuté plusieurs dans mes *Sources indigènes*[1], et l'avis de Gaston Paris ne me paraît pas exagéré.

Que reste-t-il aujourd'hui des nombreuses étymologies proposées par Arsène Darmesteter dans son *Traité de la formation des mots composés dans la langue française* (1873, 2e éd. par G. Paris, 1894)? Tel chapitre, par exemple celui consacré aux prétendues particules *ba(r)*, *ca(l)*, doit être éliminé ou complètement remanié.

C'est là un des aspects troublants de l'étymologie qui trouve sa contre-partie dans les progrès continus et latents de cette disci-

1. Voir à l'Index : avertin, bafouer, baliveau, butor, maquereau, piaffer, salope, trémousser.

pline. Ce qui était énigme étymologique pour une génération devient parfois truisme pour l'autre. Je n'en veux pour preuve que cette page, tirée du livre de Fauriel sur *Dante* (1854, t. II, p. 255) :

« Sous le fonds plus ou moins moderne de mots connus pour slaves et turcs qui se sont glissés dans le vocabulaire du valaque, s'en trouve une seconde couche, beaucoup plus curieuse et plus ancienne, de mots tout à fait inconnus d'ailleurs. Tels sont, pour en citer quelques-uns, les six ou huit suivants : *pament*, la terre; *lume*, le monde; *del*, une colline; *zepada*, la neige; *nasip*, sable; *fire*, la nature; *prunku*, un enfant, et une infinité d'autres, également inconnus hors du valaque.

« J'ai présenté diverses listes de ces noms à des philologues d'un grand savoir : mais j'ai trouvé leur savoir en défaut sur mes questions; aucun d'eux n'a pu rapporter à un idiome connu de lui les mots indiqués. Ils appartiennent vraisemblablement à quelque ancienne langue aujourd'hui perdue, à celle des Daces ou des Thraces. »

Les termes cités comme obscurs sont ou des latinismes assez transparents (*pavimentum*, *lumen*, *fieri*) ou des slavismes courants (*dêl*, *zapad*, *nasyp*), à côté d'un vocable magyar (*porongy*).

Grâce aux progrès de la phonétique et à la pénétration des philologues, l'étude des termes héréditaires et empruntés est assez avancée pour approcher d'un état définitif. Ces éléments historiques constituent aujourd'hui les assises les plus solides de l'étymologie romane.

Les contributions d'époques diverses dont on est redevable aux foules, sont seules restées jusqu'ici en dehors de la recherche.

C'est à combler cette lacune de l'étymologie courante que je me suis employé pendant de longues années, de plus en plus convaincu, par l'étude des parlers régionaux et par celle du moyen français, de ce rôle agissant des masses populaires dans la constitution définitive de la langue.

Un premier sondage, en 1905-1907, sur les images tirées du monde des animaux domestiques (le *Chat*, le *Chien* et le *Porc*), est resté inopérant, à cause du domaine trop vaste et de l'inexpérience du pionnier sur un sol à peine défriché[1].

1. Feu Michel Bréal a seul entrevu la portée de ces recherches. Sous le titre de « Linguistique réelle ou réaliste », il me consacra ces lignes

Mais après vingt ans de méditations et de nouvelles recherches, cette fois limitées au seul domaine gallo-roman, j'ai repris le sujet, en le systématisant et en le fécondant d'idées générales. J'espère ainsi être parvenu à donner à ma conception des assises solides et un caractère scientifique.

Ce fut là l'objet du présent ouvrage des *Sources indigènes de l'étymologie française* (1925), qui ouvre à l'étymologie des ressources nouvelles, en même temps qu'il fait ressortir les insuffisances de l'investigation actuelle.

La participation des masses au développement de l'idiome national, en dehors du latin et des influences extérieures, se manifeste en premier lieu par la création métaphorique et par la création spontanée.

La métaphore était restée essentiellement la même figure de rhétorique depuis Quintilien jusqu'à nos jours. Je lui ai ouvert une nouvelle province : la métaphore linguistique proprement dite ou métaphore usée. Elle a été rendue possible grâce à l'*Atlas* de Gilliéron, qui nous a fait connaître les noms hypocoristiques des animaux familiers à l'homme. Ces expressions vulgaires, pour la plupart d'origine enfantine, ont passé à la langue littéraire avec un sens métaphorique, qui a fait complètement oublier leurs origines rustiques et enfantines.

Cette métaphore linguistique, dont j'ai esquissé ailleurs les caractères généraux et les procédés psychologiques, éclaire d'un jour nouveau nombre de vocables restés jusqu'ici obscurs ou impénétrables et qui représentent précisément les termes les plus frappants et les plus pittoresques du vocabulaire. Plusieurs ont même passé dans la plupart des langues européennes.

La valeur linguistique de ces mots-images, de ces termes évocateurs, égale leur expansion et leur importance pour l'histoire de la civilisation.

dans la *Revue Bleue* du 7 mars 1907 :

« Ce qui caractérise les travaux de ce savant, lequel a fait de la France sa patrie d'adoption et qui se révèle comme un rare connaisseur de notre langue, c'est que laissant à d'autres les recherches de phonétique et de morphologie, il se sert du langage pour nous mettre en présence des réalités. Au lieu de porter ses observations sur la forme des mots, il s'attache aux choses elles-mêmes, faisant ainsi rentrer de plus en plus la linguistique dans l'histoire. »

Voir aussi, à ce sujet, les judicieuses remarques de Lucien Foulet (*Romania*, t. XLII, p. 312-313).

Quant à la création spontanée, représentée par le langage enfantin et imitatif, je l'ai embrassée pour la première fois en son évolution intégrale dans le temps et dans l'espace.

Les concordances sémantiques, autre avenue inexplorée, jettent un jour inattendu sur les associations d'idées qui se trouvent à la base de maint problème lexicologique.

A côté et en dehors de ces facteurs de premier ordre, les traditions populaires, les patois et les langues spéciales complètent tour à tour cet ensemble de recherches, qui témoignent de l'inépuisable fertilité de l'esprit populaire.

A ces facteurs toujours vivaces et si abondamment représentés aux différentes époques, on s'est ingénié à substituer une latinité suspecte ou franchement imaginaire. Conception subjective et étroite, d'autant plus déplacée qu'il s'agit, non pas de langues mortes, mais d'idiomes en pleine vitalité, créateurs par excellence.

Parmi les langues romanes, le français occupe une place d'honneur par sa force fécondante, par ses vocables évocateurs, par ses mots-images. Ses monuments littéraires et linguistiques m'ont permis de soumettre à une épreuve rigoureuse les restitutions hypothétiques de l'étymologie courante et d'en faire ressortir la fragilité et la subjectivité.

Avec des ressources autrement efficaces et positives, j'ai essayé le premier d'attaquer et de battre en brèche cette forteresse de la quintessence étymologique, représentée par une masse de restitutions illusoires, de « types » étiquetés latins vulgaires, gaulois et franciques. L'élagage de ces plantes parasitaires est la condition même de tout progrès dans ce domaine. En substituant à ces fantômes lexicologiques les réalités linguistiques que j'ai fait valoir, on ramènera notre discipline de l'abstraction et du vide à la réalité et à la vie.

La critique philologique allemande[1] a salué les *Sources indigènes* comme une œuvre faisant époque dans le domaine de l'éty-

1. *Zeitschrift für französische Sprache and Litteratur*, t. XLVI, 1926, p. 482 à 486 (K. Glaser) et t. XLIX, 1927, p. 171 (G. Rohlfs). — *Die Neuern Sprachen*, t. XXXIV, 1926, p. 402 à 405 (R. Riegler). — *Litteraturblatt für romanische und germanische Philologie* de 1927, col. 27 à 36 (Leo Spitzer).
Cf. en outre : *The modern Language Review*, t. XXII (1927), p. 472 à 474 (F.-S. Shears), et Salverda de Grave, *Sur un préfixe français « réel »*, Amsterdam, 1926.

mologie romane et appelée à lui imprimer une nouvelle orientation.

Qu'il me sois permis de citer une de ces appréciations, cellè de M. Leo Spitzer, professeur des langues romanes à l'Université de Marbourg[1] :

« Cette œuvre forme un tournant dans le domaine de l'investigation étymologique des langues romanes. Ecrite d'une manière strictement objective, elle poursuit les détours et les contradictions de la méthode étymologique courante et en démontre la fragilité à l'aide de matériaux véritablement écrasants.

« Sa lecture exerce sur le romaniste une action à la fois libératrice et accablante : libératrice, par la hardiesse tranchante avec laquelle cette œuvre dévoile l'insuffisance de la recherche actuelle; accablante, par la mise en évidence des nombreuses erreurs qu'avaient partagées des générations entières (la nôtre y incluse).

« La philologie romane ne s'attardera plus à puiser à des sources depuis longtemps taries de la vie du langage, mais, grâce à Sainéan, l'investigateur pourra maintenant descendre au milieu de ces richesses au renouvellement perpétuel et s'en imprégner.

« L'idée maîtresse du livre peut ainsi être formulée : Rendez au roman ce qui lui appartient en propre. Les facteurs indigènes révèlent une force créatrice incessante des masses populaires et, en parcourant cet ouvrage monumental, on semble entendre comme l'ivresse orgiastique du génie créateur des foules, un jaillissement de forces fraîches, un renouvellement perpétuel. Guidé par l'auteur, les yeux se dessillent.

« *Les Sources indigènes* constituent le couronnement de toute une carrière philologique, qui s'est prolongée pendant plus d'un quart de siècle. Comme dans la finale d'une symphonie s'y entrelacent tous les *leitmotivs* de l'activité de l'auteur : créations métaphoriques, langues spéciales et techniques, parlers provinciaux et rustiques, moyen français et Renaissance, participation constante des masses populaires au développement de la langue na-

1. Voir la note qui précède.

tionale — un magnifique hommage à la patrie adoptive et à son grand philologue Gaston Paris. »

J'ai eu la bonne fortune de rencontrer, après l'Armistice, un noble mécène, M. Aristide Blank, éminent financier et esprit d'une rare culture, qui a bien voulu s'intéresser à mes rcherches sur la philologie de la Renaissance et en faciliter la publication. C'est sous ses auspices qu'a vu le jour la *Langue de Rabelais*, monument philologique élevé à la gloire du grand écrivain.

Pour mes autres publications, j'ai trouvé en mon excellent éditeur, M. E. de Boccard, un ami dévoué à la science. A une époque où tant de grands éditeurs parisiens reculaient devant tout sacrifice, il a eu le courage d'assumer la publication de la plupart de mes grands ouvrages. Je suis heureux que l'accueil qu'ils ont trouvé ait répondu à sa confiante initiative.

Mes trois dernières publications — le *Langage parisien*, la *Langue de Rabelais* et les *Sources indigènes* — sont intimement connexes. Les mêmes matières y reviennent sous des points de vue différents, qui se complètent mutuellement.

Telle, la nomenclature nautique, qui n'avait jamais été l'objet d'une étude d'ensemble, y est envisagée sous le rapport à la fois historique, social et étymologique. Telle, encore, la terminologie des arts et métiers, qui abonde en créations indigènes. Tels, surtout les termes de pêche, qui y sont abordés et étudiés pour la première fois d'après leur distribution géographique et les multiples aspects que présente leur vocabulaire.

En somme, ces recherches tendent à montrer comment se sont constituées les nomenclatures techniques des langues modernes, suivant les ressources inépuisables de l'esprit populaire, qui sait varier à l'infini les noms des choses qui le préoccupent constamment.

Chacun de mes travaux principaux a fait faire un pas en avant, soit dans la connaissance des parlers vulgaires, soit dans la philologie de la Renaissance, soit enfin dans la discipline étymologique. Sous ce dernier rapport, tout reste encore à dire sur la fécondité et l'efficacité des résultats acquis par les *Sources indigènes*, œuvre capitale de mon activité philologique, vers laquelle ont convergé les recherches et les méditations de toute ma vie.

Les *Sources indigènes* sont en même temps l'ouvrage le plus considérable que possède jusqu'ici l'étymologie romane : il s'impose aussi bien par la masse des faits que par les nouvelles ressources qu'il met au service de la discipline étymologique, dont le cadre se trouve ainsi indéfiniment élargi.

C'est ainsi que jusqu'ici les vocables représentatifs de la vie sociale sont presque tous restés en dehors de l'investigation étymologique. On se bornait à passer outre avec la mention : « origine inconnue », ou on se contentait d'étymologies anecdotiques. Ils englobent pourtant les mots les plus caractéristiques de la langue sous le rapport de la civilisation, sans parler des nombreux « termes voyageurs » qui, du français, ont passé aux autres langues et sont devenus une partie intégrante de la culture européenne.

J'ai projeté une lumière souvent complète sur leurs origines et suivi leurs migrations dans le temps et dans l'espace.

Que n'a-t-on pas dit, pour citer un exemple, sur la provenance de *bigot* et de ses congénères, *bégard* et *béguin*, à côté du bas-latin *begulla*? J'ai démontré que ces différents noms, devenus européens, sont foncièrement français et que leur point de départ métaphorique explique l'obscurité qui a longtemps enveloppé leur humble origine.

Quant à la méthode que j'ai suivie, dès le début de mes recherches, elle m'a été inspirée par ces deux points de vue :

1° *Ressources indigènes.*

J'ai toujours été d'avis qu'une bonne partie du vocabulaire doit être éclairée par les ressources mêmes de la langue. Ce principe m'a guidé dans tous mes travaux et c'est à lui qu'il faut attribuer la nouveauté et la fécondité des résultats obtenus.

Je l'ai appliqué tout d'abord dans mes études sur le langage des malfaiteurs. Alors qu'avant mes recherches, on faisait venir les termes du jargon des idiomes les plus reculés — le basque et le tsigane, le grec et l'hébreu — j'ai le premier montré que l'ancien Argot est essentiellement constitué d'éléments indigènes, vulgaires et provinciaux.

Dans le *Langage parisien*, les quelques emprunts étrangers des pays limitrophes disparaissent devant la masse des termes professionnels ou techniques et des mots des divers terroirs.

Même dans la *Langue de Rabelais*, les acquisitions de l'hellénisme et de l'italianisme sont plutôt d'ordre littéraire. Les véritables sources d'enrichissement linguistique sont représentées par les vocables puisés dans la sphère des arts et métiers et par les apports lexicologiques des différentes provinces que Rabelais a fréquentées.

Enfin, ce principe a trouvé dans les *Sources indigènes* ses applications et son expression définitives.

2° *Expansion linguistique.*

Les termes, restés obscurs et finalement éclairés par les propres ressources de la langue, se révèlent précisément les plus intéressants sous le rapport social et au point de vue de l'histoire de la civilisation.

Après avoir montré que les vocables du jargon sont des mots français plus ou moins détournés de leur sens, j'ai suivi leurs répercussions non seulement sur les autres langues spéciales, françaises ou étrangères, mais encore et surtout sur le français, littéraire et vulgaire.

D'autre part, les parisianismes ont rayonné sur la province et jusque sur les pays étrangers de langue française : plusieurs ont même pénétré dans la langue générale. Le vulgaire parisien constitue à cet égard une source inépuisable de renouvellement et d'enrichissement pour la langue littéraire.

Dans les *Sources indigènes*, notamment, j'ai étudié sur une large échelle ces actions et réactions, qui intéressent au plus haut point l'histoire de la civilisation. C'est là, et particulièrement dans le dernier volume, que j'ai fait valoir l'importance capitale des vocables voyageurs qui, du français, ont passé dans la plupart des langues européennes.

Voilà, dans leurs grandes lignes, les aspects de mon activité philologique pendant le dernier quart du siècle. Il ne m'appartient pas d'en faire l'éloge ni la critique, mais il me sera permis de faire ressortir le trait essentiel qui marque tous mes ouvrages d'une empreinte particulière : l'histoire et la sociologie constamment mises au service de la philologie.

C'est d'une part, grâce au principe chronologique, que je fus à même de restituer à l'ancien Argot sa forme primordiale et d'en suivre pas à pas le développement ultérieur. C'est également ce principe qui a inspiré et guidé mes recherches sur les *Sources indigènes*.

La sociologie, d'autre part, m'a permis de débrouiller le chaos des éléments professionnels qui ont constitué l'énorme vocabulaire parisien, en même temps que d'entrevoir la société française de la Renaissance à travers l'œuvre immense de Rabelais.

J'ajoute, en finissant, que je suis parfaitement conscient de la valeur de mes travaux. Mon *Influence orientale sur la langue et la civilisation roumaines* (1900) vivra autant que le roumain lui-même. Et quant à mes grands ouvrages — le *Langage parisien*, la *Langue de Rabelais* et les *Sources indigènes* — parus de 1919 à 1925, ils auront contribué, pour leur part, j'aime du moins à le croire, à maintenir la réputation philologique de la France pendant la crise de la pensée nationale qui a suivi l'Armistice. J'ai pu ainsi servir deux patries et deux langues.

Ces multiples recherches ont vu le jour au milieu des circonstances les plus défavorables. J'ai dû souvent vaincre des difficultés parfois insurmontables. Mais quand je pense au sort de mes chers anciens amis, le docteur Gaster, de Londres, et le professeur Nyrop, de Copenhague, je bénis la Providence de m'avoir permis d'user mes yeux jusqu'au bout, au service de la France et de la Science.

L'ŒUVRE PHILOLOGIQUE

DE

L. SAINÉAN

E. de BOCCARD, Éditeur
Anc. Mons THORIN & [illegible]
1, Rue de Médicis, [illegible]

LE LANGAGE PARISIEN
AU XIXe SIÈCLE

Facteurs sociaux. — Contingents linguistiques. — Faits sémantiques. Influences littéraires

Un fort volume in-8 raisin de XVI-590 pages....... **60** francs

---

Arthur CHUQUET, dans la *Revue critique d'histoire et de littérature*, 1er avril 1921 :

Excellent livre, très intéressant, très instructif d'un bout à l'autre et qui témoigne d'un labeur infini, d'un vaste savoir, d'une très vive sagacité. Il est indispensable à qui veut connaître à fond le vocabulaire français. Le langage parisien du XIXe siècle auquel M. Sainéan consacre ce considérable travail, n'est-ce pas notre langue à tous ?

M. Sainéan a mis en œuvre des matériaux nombreux et il nous apporte une masse énorme de renseignements. Mais tout cela est parfaitement classé et ordonné. Il faut louer hautement, outre la science de l'auteur, sa méthode, sa critique et l'ordre qu'il a mis dans cet énorme assemblage de mots et d'expressions. Et cette étude si bien conduite est en même temps attachante.

Son livre est de haute valeur, un ouvrage scientifique, composé après de longues et consciencieuses recherches, et aussi exact, aussi complet que possible. Nous félicitons M. Sainéan d'avoir consacré son temps à de si profondes et heureuses investigations. Il offre son livre à la France, sa patrie intellectuelle, et avec nous, tous les Français l'assureront de leur reconnaissance.

MONTORGUEIL, dans l'*Intermédiaire des Chercheurs*, du 10 février 1921 :

M. Sainéan a renouvelé par une méthode toute personnelle cette étude des langues spéciales et vulgaires de la France. Il a considéré l'argot d'un tout autre point de vue que ses prédécesseurs en ces travaux. Il en a élargi la documentation et il est arrivé à des synthèses d'une vigoureuse clarté.

Savant, vivant et substantiel est son nouveau livre *Le Langage parisien*, conçu sur un plan neuf avec une science étendue et sans pédanterie.

Un tel ouvrage se recommande tout seul. Il embrasse tous les éléments constitutifs, conduit à toutes les sources, découvre les principes souvent si curieux de toutes les formations, notre vie sociale s'y reflète avec une franchise singulière.

Une étude aussi approfondie, aussi libre et aussi brillante que celle de M. Sainéan nous arrive avec un heureux à-propos. C'est surtout dans leur parler vulgaire qu'une époque et qu'un peuple s'avouent.

M. Kurt GLASER, Professeur de français à l'Université de Marbourg, dans *Zeitschrift für französische Sprache*, t. XLVII, 1925, p. 485-486 :

L'auteur embrasse le sujet dans un cadre assez vaste. Fidèle à la méthode qu'il a appliquée dans ses autres publications, il étudie les faits linguistiques à la lumière des faits sociaux. Il fait ressortir l'influence qu'a exercée sur le langage parisien le parler des soldats, des marins, des malfaiteurs. Il montre, dans ses recherches copieusement documentées, comment mainte expression de ces sphères spéciales pénètre et se développe dans le bas-langage, avant de passer à la langue générale. Il étudie les origines multiples de ce vocabulaire parisien et nous révèle les sources qui l'ont alimenté.

LA LANGUE
DE
RABELAIS

Tome premier : **Civilisation de la Renaissance**
Tome deuxième : **Langue et vocabulaire**

Deux forts volumes in-8° raisin de XII-520 et 580 pages..... **100** francs
Il reste quelques exemplaires numérotés sur papier pur fil à **200** francs

Après quinze ans de travaux préparatoires, M. L. Sainéan vient de publier le premier ouvrage d'ensemble sur la *Langue de Rabelais.*

Chacun des faits linguistiques du grand écrivain, replacé dans son temps et dans son milieu, y est envisagé en rapport avec le progrès social et l'état intellectuel de la nation. L'auteur a essayé de faire pour Rabelais ce qui n'a encore été réalisé ni pour Dante ni pour Shakespeare.

Le premier volume trace un tableau de la Société française à l'époque de la Renaissance, tableau dont les traits essentiels sont empruntés à l'œuvre rabelaisienne.

Contemporain du plein épanouissement de la Renaissance, Rabelais sut rendre, en termes heureux et définitifs, les acquisitions d'une des époques les plus fécondes pour l'esprit humain. La pensée et l'expression, le mot et la chose sont chez lui dans un rapport intime, et cela à un degré qui n'a peut-être jamais été atteint par un autre écrivain. La philologie rabelaisienne est inséparable de l'histoire de la civilisation du XVIe siècle.

Le deuxième volume embrasse la langue et le vocabulaire considéré sous le triple aspect : linguistique, psychologique et imaginatif.

Les créations verbales du grand écrivain, si heureuses et si frappantes, son onomastique et surtout les côtés affectifs de son langage — images et comparaisons — ont été étudiés avec le même intérêt que les éléments linguistiques proprement dits de son vocabulaire immense, original et varié.

Les deux volumes constituent un monument philologique, élevé à un des plus puissants génies de la France et de l'humanité, en même temps qu'une vaste synthèse de l'idiome national dans la première moitié du XVIe siècle.

Abel Lefranc annonce ainsi le premier volume dans la *Revue du XVIe siècle*, de 1922, p. 220-221 :

La simple énumération des matières suffit à montrer la richesse et la variété de ce premier volume. Ce n'est pas aux amis des études rabelaisiennes qu'il est nécessaire de recommander une pareille œuvre, où se trouve condensé le fécond labeur de toute une vie. Il y a longtemps que les lecteurs de cette revue et de l'édition de Rabelais ont appris à admirer la science étendue et pénétrante et, par ailleurs, si probe, de notre confrère et collaborateur. Il a rempli cette vaste tâche avec un désintéressement absolu auquel nous tenons à rendre hommage. Qu'il trouve sa récompense dans le succès éclatant de la *Langue de Rabelais !* C'est le vœu que nous formulons ici avec une ardente conviction.

Extrait du compte rendu de Jean PLATTARD (dans la *Revue critique*, du 15 septembre 1923) :

On sait la richesse de la langue de Rabelais. Son prodigieux vocabulaire — où se rencontrent archaïsmes, termes de métiers, parlers dialectaux, latinismes, italianismes, hellénismes — n'avait jusqu'ici fait l'objet d'aucune étude d'ensemble, et Brunetière s'en étonnait avec raison. A vrai dire, ce travail a dû tenter plus d'un grammairien, mais comment n'aurait-on pas hésité à assumer une tâche qui promettait d'être si lourde ?

M. Sainéan ne s'est laissé rebuter ni par l'ampleur, ni par les difficultés de l'entreprise. Depuis 1908, il a consacré le meilleur de son activité de philologue à cette œuvre de longue haleine. Il a multiplié les explorations dans les domaines linguistiques les moins accessibles, « dépouillé » les œuvres des prédécesseurs et contemporains de Rabelais, compulsé les lexiques et dictionnaires techniques les plus variés, — surtout, il s'est efforcé de saisir, par de là le vocabulaire, la réalité, c'est-à-dire toute la civilisation française du XVIe siècle dont l'œuvre de Rabelais est le miroir. Il a consigné les résultats de cette enquête dans les deux volumes qu'il publie aujourd'hui sur la *Langue de Rabelais*.

Telles sont les grandes lignes de cette multiple enquête qui abonde en résultats neufs. S'il fallait en indiquer les parties les plus originales, je mettrai en première ligne les chapitres relatifs à l'italianisme, au vocabulaire nautique, à la parémiologie, aux éléments psychologiques du langage. Il n'en est aucun qui n'apporte des observations ingénieuses ou des trouvailles inattendues ; aucun qui ne mérite de retenir l'attention du psychologue et du critique littéraire.

Ils sont rares, de nos jours, les pionniers qui découvrent des terres nouvelles dans l'érudition et s'obstinent pendant plusieurs lustres à les défricher. Il serait injuste de leur marchander notre gratitude.

Mario ROQUES, dans *Romania*, de 1923, p. 318 :

L'ensemble forme un ouvrage d'une érudition à la fois large et précise, qui n'est pas seulement une source infiniment précieuse pour le commentaire littéral, mais aussi une analyse minutieuse des connaissances et jusqu'à certain point de l'esprit de Rabelais. Il n'est pas besoin d'insister sur l'intérêt du travail de M. Sainéan pour l'histoire du vocabulaire du XVIe siècle et depuis ; mais il faut signaler que les historiens de la littérature et de la langue du Moyen Age y trouveront nombre d'indications sur l'influence de la survivance chez Rabelais, et par lui jusqu'à nous, des productions et du langage des époques antérieures.

Depuis que M. Sainéan s'est attaché à étudier l'histoire du français, il nous a donné ce que nous avons de plus précis et de plus solide pour la connaissance de l'Argot. Par le présent ouvrage, préparé par de nombreuses publications antérieures, et par la rédaction du commentaire lexicologique de Rabelais pour l'édition A. Lefranc, M. Sainéan s'est acquis un nouveau titre aussi durable et plus éclatant encore à la reconnaissance de tous les philologues et de tous les lettrés.

MONTORGUEIL, dans l'*Intermédiaire des Chercheurs*, du 10 mars 1923 :

Pour tous les lettrés, le livre de M. Sainéan sur la *Langue de Rabelais* est un trésor d'érudition digne de l'œuvre qui l'inspira.

M. André COURTET, dans *Polybiblion* (partie littéraire), août-septembre 1924, p. 116-118 :

M. L. Sainéan a consacré quinze années de sa vie a étudier la langue de Rabelais. Il aura travaillé à le faire aimer et admirer davantage, en le faisant mieux comprendre.

Il fallait toute la science et aussi toute la ferveur rabelaisienne de M. Sainéan pour mener à bien cet inventaire de la langue de Rabelais.

Dans une de ses Introductions, l'auteur compare la langue de Rabelais à « un véritable océan où se sont déversés les courants du passé et d'où dérivent ceux de l'avenir. » Ce sera désormais une nécessité — et une joie — pour les lettrés d'entreprendre un beau *naviguaige* sur cet océan avec M. Sainéan pour pilote.

M. le professeur SNEYDERS DE VOGEL, dans la revue hollandaise *Neophilologus*, de 1925, p. 49-51 :

Ces deux volumes de la *Langue de Rabelais* nous laissent ahuris devant le puits de science qu'en est l'auteur. Il fallait une longue et patiente préparation pour mener à bonne fin cette œuvre gigantesque, car Rabelais est un monde.

Le grand mérite de M. Sainéan est d'avoir su démêler à quel courant il faut attribuer tel groupe de mots, quelle est l'influence qui a agi dans tel cas et de nous avoir tracé ainsi un tableau précis et vivant du mouvement de la Renaissance.

L'auteur peut, avec un juste orgueil, se vanter d'avoir, par ce livre, fait, pour Rabelais, ce qui n'a encore été réalisé ni pour Dante ni pour Shakespeare.

PROBLÈMES LITTÉRAIRES DU XVIe SIÈCLE

Le Cinquième livre. — Le Moyen de parvenir
Les joyeux Devis

Un vol. in-8° raisin de VIII-302 pages.................... **40** francs.

M. Ed. SCHNEEGANS, professeur à l'Université de Strasbourg, dans le *Bulletin de la Faculté des Lettres de Strasbourg*, du 1er février 1929 (p. 183 à 186) :

M. Sainéan étudie méthodiquement trois importants problèmes de la littérature narrative du XVIe siècle.

Les recherches de l'auteur sur l'authenticité du *Ve Livre* s'inspirent, non pas des raisons de sentiment, mais de l'examen approfondi de l'œuvre dans son ensemble et dans le détail de sa composition et de son vocabulaire. Les conclusions auxquelles M. Sainéan est amené, dans cette importante et savante étude, présentent un très haut degré de vraisemblance.

La seconde partie est consacrée à l'étude du *Moyen de parvenir*. L'auteur résout, par une hypothèse hardie et qui est très vraisemblable, le problème des origines de ce livre étrange.

Une étude détaillée des sources du vocabulaire et des historiettes du *Moyen de parvenir*, de l'influence dominante de Rabelais sur le style du livre, et d'autre part, des œuvres authentiques de l'auteur présumé Béroalde de Verville, amène M. Sainéan à conclure que le digne et médiocre écrivain que fut Béroalde, ne peut avoir écrit le *Moyen de parvenir*, mais que, d'autre part, cet ouvrage touche à des questions qui ont préoccupé le polygraphe Béroalde.

M. Sainéan termine son étude par un chapitre sur l'influence très forte du *Moyen de parvenir*, qu'il relève dans La Fontaine, dans le *Tristram Shandy* de Laurence Sterne, dans les *Contes drôlatiques* de Balzac.

La troisième partie réfute victorieusement les objections qui ont été faites à l'attribution de la paternité primitive des *Joyeux Devis* de Bonaventure des Périers.

Ce livre, très riche de matière, est une contribution importante à l'étude des conteurs du XVIe siècle, de leur vocabulaire, des sources qu'ils ont utilisées. Une table des matières détaillées et un index alphabétique, comprenant environ 900 mots étudiés dans le texte, complètent heureusement ce remarquable travail.

LES SOURCES INDIGÈNES
DE
L'ÉTYMOLOGIE FRANÇAISE

TOME PREMIER : **Nouvelles Perspectives**
TOME DEUXIÈME : **Réalités et Mirages**

Deux forts volumes in-8° raisin de XII-448 et 520 pages. . **125** francs.

Cet ouvrage est le fruit des études et des méditations de toute une vie. Il ouvre à l'étymologie des ressources nouvelles, en même temps qu'il fait ressortir les insuffisances de l'investigation actuelle.

Les recherches de l'auteur portent à peu près exclusivement sur les termes d'origine inconnue ou sur ceux qu'on a fait remonter, en désespoir de cause, à une latinité suspecte. Quant aux étymologies positives — latines, germaniques, etc. — elles sortent du cadre de cet ouvrage, qui s'est uniquement proposé de mettre en valeur les sources indigènes du vocabulaire.

On y tient compte en premier lieu de la métaphore linguistique, qui a fourni à la langue les contributions les plus variées, les plus vivantes, les plus colorées.

Vient ensuite la création spontanée, représentée par le langage enfantin et imitatif, qui est embrassée ici pour la première fois en son évolution intégrale dans le temps et dans l'espace.

Les concordances sémantiques, autre avenue inexplorée, jettent un jour inattendu sur les associations d'idées qui se trouvent à la base de maint problème lexicologique.

Les vues d'ensemble font ressortir les multiples points de vue qui ont présidé à la nomenclature vulgaire des animaux domestiques, de la flore indigène, etc.

A côté et en dehors de ces facteurs de premier ordre, les traditions populaires, les patois et les langues spéciales complètent tour à tour cet ensemble de recherches, qui témoignent de l'inépuisable fertilité de l'esprit populaire.

A ces facteurs toujours vivaces et si abondamment représentés aux différentes époques, on s'est ingénié à substituer une latinité superflue, suspecte ou franchement imaginaire.

Cette conception, subjective et étroite, est d'autant plus déplacée qu'il s'agit, non pas de langues mortes, mais d'idiomes en pleine vitalité et créateurs par excellence.

Parmi les langues romanes, le français occupe une place d'honneur par sa force fécondante, par ses vocables évocateurs, par ses mots-images. Ses monuments littéraires et linguistiques ont permis à l'auteur de soumettre à une épreuve rigoureuse les restitutions hypothétiques de l'étymologie courante et d'en faire ressortir l'inanité et la subjectivité.

La création vulgaire est à la fois féconde, variée et multiple. Sous ses divers aspects, elle embrasse un domaine des plus vastes et, explorée dans ses profondeurs, elle est appelée à renouveler la recherche étymologique.

Ce côté intellectuel de l'évolution linguistique sollicitera de plus en plus l'attention des philologues. Des générations de travailleurs viendront compléter et élargir les contours généraux tracés dans ce livre et achever l'édifice dont on a essayé ici de poser les premières assises.

M. Salverda de Grave, professeur à l'Université d'Amsterdam, dans un mémoire paru dans les *Communications de l'Académie royale* (série A, n° 4, Amsterdam, 1926) :

Les Sources indigènes sont une œuvre d'une haute importance documentaire, digne de l'éminent auteur de tant de travaux sur l'origine des mots français. Notre exposé servira à mieux faire connaître la richesse de l'important et très suggestif travail de M. Sainéan.

M. Gerhardt Rohlfs, professeur à l'Université de Tubingue (*Zeitschrift für französische Sprache und Litteratur*, t. XLIX, 1927, p. 171) :

Les Sources indigènes font époque dans le domaine de l'étymologie romane. Elles constituent une réaction bienfaisante contre les procédés savants de reconstructions linguistiques. Elles placent les forces créatrices de la langue elle-même au centre de toute investigation étymologique. Les dictionnaires étymologiques, en cours de publication, devront tenir compte dans la mesure la plus large des précieuses recherches de Sainéan, autrement ils risquent d'être périmés dès leur apparition.

M. S.-F. Shears, dans *The Modern Language Review* (t. XXII, 1927, p. 472 à 474) :

Comme on pouvait l'attendre des travaux de l'auteur, *Les Sources indigènes* sont une œuvre magistrale, basée sur une connaissance intime du français historique et dialectal. Elle constitue la publication la plus importante de la lexicographie française des dernières années.

M. le professeur Richard Riegler, dans la revue *Die Neuern Sprachen*, t. XXXIV, 1926, p. 402 à 407 :

Alors que l'étymologie courante est comme fascinée par le latin vulgaire, auquel on fait remonter des vocables de diverses époques, en les dérivant même souvent de « types » plus ou moins fantaisistes, l'auteur nous montre la force créatrice incessante des masses populaires.

On peut affirmer qu'aucun linguiste ne nous a fait pénétrer aussi profondément dans l'intelligence du génie créateur des foules. C'est maintenant seulement que nous nous apercevons combien les étymologistes ont ignoré la vitalité de la langue.

On pourrait ajouter que *Les Sources indigènes* agissent sur le lecteur d'une manière bienfaisante, en le libérant de la routine et en le stimulant dans la voie des réalités linguistiques.

Un air frais pénètre dans le cabinet du savant. Les pénibles reconstructions de types s'écroulent. Là où les difficultés s'accumulaient à force d'un savoir livresque très profond, le même problème linguistique se présente au bon sens de la manière la plus simple et la plus naturelle.

Le livre de M. Sainéan est une réaction du bon sens contre une érudition prétentieuse et déplacée. On peut prédire à son ouvrage qu'il exercera une action féconde sur le développement de la linguistique romane.

M. Leo Spitzer, professeur des langues romanes à l'Université de Marbourg, dans *Litteraturblatt für romanische und germanische Philologie*, de 1927, col. 27 à 36 :

Cette œuvre forme un tournant dans le domaine de l'investigation étymologique des langues romanes. Ecrite d'une manière strictement objective, elle poursuit les détours et les contradictions de la méthode étymologique courante et en démontre la fragilité à l'aide de matériaux véritablement écrasants.

Sa lecture exerce sur le romaniste une action à la fois libératrice et accablante : libératrice, par la hardiesse tranchante avec laquelle cette œuvre dévoile l'insuffisance de la recherche actuelle ; accablante, par la mise en évidence des nombreuses erreurs qu'avaient partagées des générations entières (la nôtre y incluse).

La philologie romane ne s'attardera plus à puiser à des sources depuis longtemps taries de la vie du langage, mais, grâce à Sainéan, l'investigateur pourra maintenant descendre au milieu de ces richesses au renouvellement perpétuel et s'en imprégner.

L'idée maîtresse du livre peut ainsi être formulée : Rendez au roman ce qui lui appartient en propre. L'auteur a eu raison de comparer son attitude en linguistique à celle de Bédier dans le domaine des légendes épiques : longtemps le procédé reconstructif a empêché de reconnaître la priorité des sources contemporaines.

Les facteurs indigènes révèlent une force créatrice incessante des masses populaires et, en parcourant cet ouvrage monumental, on semble sentir comme l'ivresse orgiastique du génie créateur des foules, un jaillissement de forces fraîches, une vitalité exubérante. Guidé par l'auteur, les yeux se dessillent.

Gilliéron, par son *Atlas linguistique*, avait montré la nécessité de partir de l'état actuel des parlers populaires et nous avait fait entrevoir les raisons des modifications lexicales ; mais, quant à l'origine des mots, il avait l'habitude de dire : « Je ne fais pas d'étymologie ». Pour avancer dans ce domaine, il fallait un investigateur comme Sainéan qui avait auparavant étudié, dans son *Langage parisien*, la formation d'un vocabulaire moderne par ses propres ressources, les parlers vulgaires et, dans sa *Langue de Rabelais*, le *cosmos* de la Renaissance française.

Rappelons aussi ses synthèses lexicologiques des notions *coquille* (d'œuf ou de limaçon), *tronc*, *boue*, etc., fresques grandioses, à propos desquelles le lecteur ne sait ce qu'il doit le plus admirer : la richesse des matériaux ou la belle ordonnance de leur mise en œuvre.

Les Sources indigènes constituent le couronnement de toute une carrière philologique, qui s'est prolongée pendant plus d'un quart de siècle. Comme dans la finale d'une symphonie s'y entrelacent tous les *leitmotivs* de l'activité de l'auteur : créations métaphoriques, langues spéciales et techniques, parlers provinciaux et rustiques, moyen français et Renaissance, participation constante des masses populaires au développement de la langue nationale — un magnifique hommage à la patrie adoptive et à son grand philologue Gaston Paris.

IMPRIMERIE A. BONTEMPS, LIMOGES

www.ingramcontent.com/pod-product-compliance
Ingram Content Group UK Ltd.
Pitfield, Milton Keynes, MK11 3LW, UK
UKHW021503260726
13993UKWH00004B/1540

9 782329 195780